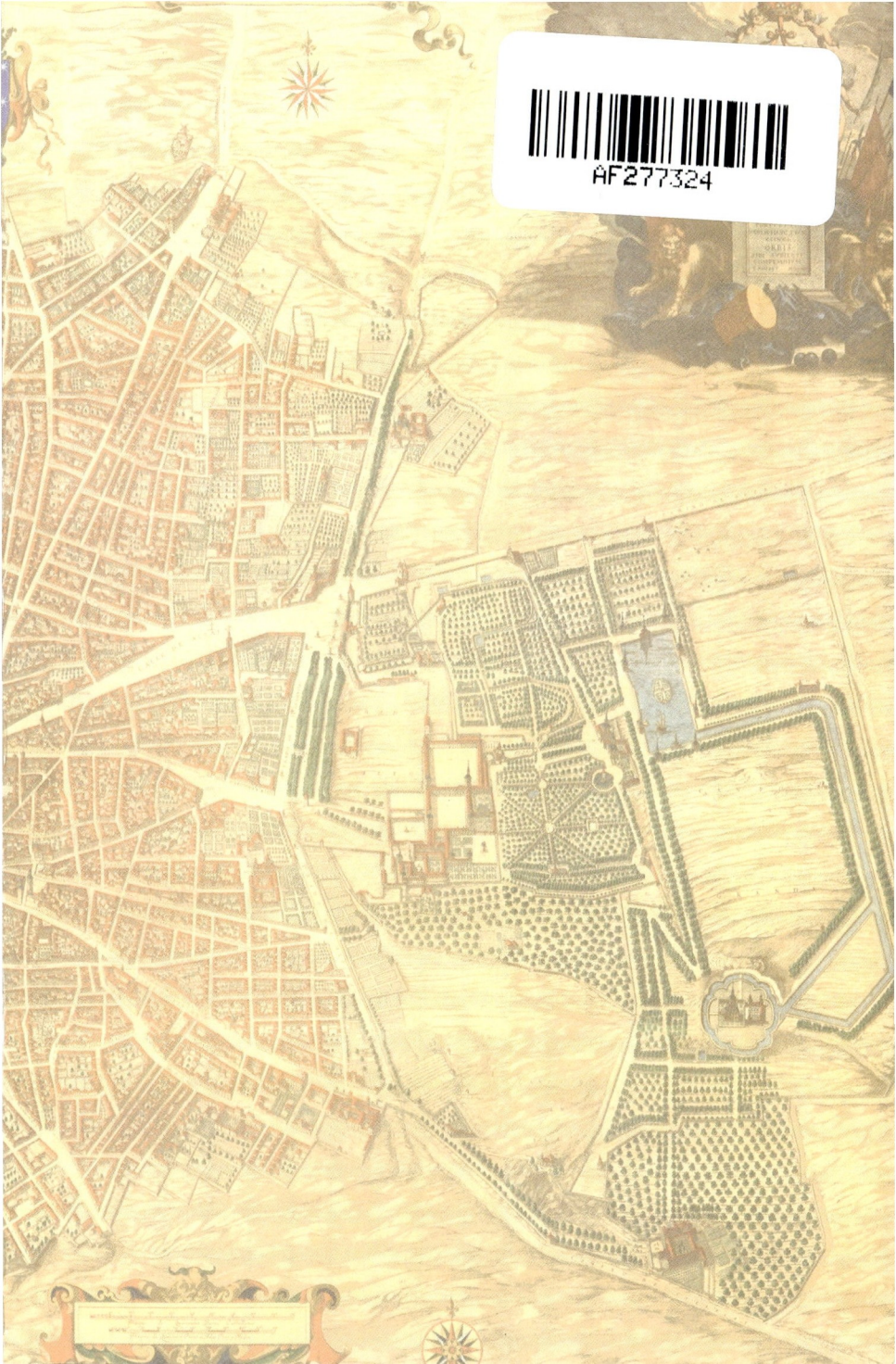

CURIOSIDADES DE MADRID

Verbum **Infantil-Juvenil**

Dirigida por: LUIS RAFAEL

Colección creada especialmente para la formación y el disfrute de los primeros lectores. Libros atractivos, con temas, lenguaje y enfoques contemporáneos, que permitirán a niños y jóvenes deleitarse con la lectura al tiempo que acceden a universos donde la palabra es vehículo idóneo para explicar, desde el arte, las disímiles aristas de la realidad.

ALEJANDRO ALCALÁ

CURIOSIDADES DE
MADRID

© Alejandro Alcalá, 2024
© Editorial Verbum, S.L., 2024

Tr.ª Sierra de Gata, 5
La Poveda (Arganda del Rey)
28500 Madrid
Teléf.: (+34) 910 46 54 33
e-mail: info@editorialverbum.es
https://editorialverbum.es

I.S.B.N.: 978-84-1136-118-7
Depósito Legal: M-9296-2024

Diseño y maquetación: Iván García Molinero
Preimpresión: Adrians Esquivel Romero
Printed in Spain / Impreso en España

Este libro ha sido
impreso con papel
ecológico procedente
de bosques sostenibles.

ÍNDICE

NOTA INTRODUCTORIA:

La villa de Madrid está llena de leyendas, historias y curiosidades con mucha miga y sabor castizo. Reyes, personajes históricos, santos, fantasmas, bandidos, mujeres y hombres de diferentes épocas, configuraron la urbe que hoy es capital de la lengua castellana y de toda España.

En este pequeño libro recorremos las curiosidades más relevantes de la ciudad de Madrid. Estamos seguros de que tanto madrileños como visitantes disfrutarán de sus páginas y gracias a esas breves notas mirarán con otros ojos las calles, los monumentos y las plazas de la bella y cosmopolita ciudad de Madrid.

MAGERIT O MADRID Y SU EMBLEMA

E l nombre de Madrid deriva del árabe "magerit", que significa "lugar de muchos arroyos", ya que en la zona donde se enclavó la población había abundante agua. El símbolo oficial de Madrid es un oso sosteniéndose sobre sus patas traseras mientras se da un festín comiendo frutas de madroño. Se trata de una metáfora del desarrollo de la capital y representa la posesión y la importancia de la madera, una materia prima esencial para la construcción de casas.

La Estatua del Oso y el Madroño tiene su origen en la decisión salomónica del rey Alfonso VIII, que en el siglo XXII cerró una disputa entre el clero y la villa de Madrid cediéndoles los pastos a la Iglesia y al pueblo los árboles y la caza. Como símbolo de ese acuerdo surgió el emblema del oso apoyado en un madroño, que con el tiempo se convertiría en el escudo de la ciudad. El oso fue desde antiguo un elemento típico de la ciudad de Madrid. En la Edad Media, cuando se fundó la villa, este animal todavía abundaba por los montes cercanos. La estatua del oso y el madroño es una obra realizada en bronce sobre un pedestal de piedra por el escultor Antonio Navarro Santafé. Inaugurada en 1967, mide 4 metros de altura y pesa unas 20 toneladas. Nació para exhibirse en la Puerta del Sol y siempre ha estado en esta plaza.

A LOS MADRILEÑOS SE LES DICE "GATOS"

Una leyenda cuenta que en la época de la reconquista, cuando en el siglo XI Madrid todavía estaba bajo dominio árabe, las tropas cristianas del rey Alfonso VI se acercaron a una de las puertas de las murallas. Uno de los soldados logró subir los muros exteriores mediante la inserción de su daga entre las hendiduras de las piedras y corrió a la torre fortificada y cambió la bandera musulmana por la cristiana. Lo hizo con la agilidad de un felino y por su hazaña el resto de los soldados comenzaron a llamarle Gato. En memoria de esta proeza él y sus sucesores asumieron el apellido Gato. Con el tiempo el apodo se atribuyó a todos los madrileños.

Otra versión relata que como en la capital de España los edificios están pegados los madrileños que tenían amantes iban a visitarlas por los tejados, cruzando de un edificio en otro sin tocar el suelo hasta llegar al balcón de la enamorada y por ese mismo camino regresaban a sus casas sin ser vistos. Como en la noche todos los gatos son pardos, era difícil reconocerlos, pero lo que sí veían muchos noctámbulos eran siluetas de hombres intrépidos cruzando por los tejados de Madrid, como si fuesen gatos, lo que también puede haber dado origen al término.

LA PUERTA DEL SOL

La Puerta del Sol no ha sido siempre el ombligo de Madrid, aunque ahora nadie diría lo contrario. Las tropas cristianas que tomaron la ciudad en el siglo XI levantaron una muralla defensiva con varios accesos a la población, siendo uno de ellos el que estaba encarado al Este, la Puerta del Sol. Se cuenta que el sol iluminaba la construcción durante el amanecer y sus rayos parecían penetrar a la urbe a través de esta puerta, lo que hizo que Carlos I de España y V de Alemania decidiera bautizarla como Puerta del Sol.

La Casa de Correos de la Puerta del Sol se construyó en 1776, pero durante su larga vida ha recibido muchos usos, entre ellos Ministerio de Gobernación, a partir del 1857 hasta el franquismo, durante el cual se usó como Dirección General de Seguridad, cuando sus sótanos fueron temidos calabozos.

La Puerta del Sol alberga la placa del kilómetro cero, que marca el origen de todas las carreteras radiales de España. La placa está frente a la entrada principal de la Real Casa de Correos, situada exactamente en el centro de España. En esta plaza se encuentra además la conocida estatua de Carlos III montado en su caballo. Se inauguró en 1994 para homenajear al que es considerado como el mejor alcalde que ha tenido Madrid. Además, la Puerta del Sol es escenario de las celebraciones de fin de año.

EL RELOJ PUERTA DEL SOL

El popular reloj de la Puerta del Sol, el que anuncia las campanadas de fin de año, es uno de los símbolos de la ciudad de Madrid. Primeramente hubo un reloj en el lado Este de la plaza, en la iglesia del Buen Suceso, pero era tan impuntual que los vecinos no podían fiarse de sus campanadas. Por eso, cuando se derribó la iglesia, un famoso relojero decidió regalar a la ciudad de Madrid uno que funcionase bien. Era el relojero José Rodríguez Conejero, más conocido como Losada por el lugar leonés de su nacimiento, que tardó tres años en fabricarlo en Londres.

Donado a Madrid por su creador, en un acto en que estuvo presente la reina Isabel II, se colocó el nuevo reloj en su ubicación actual, la Casa de Correos, en 1866. Desde entonces se ha mantenido en funcionamiento y acompaña a toda España en la Nochevieja con sus doce campanadas que anuncian el inicio de cada nuevo año.

LA CONSTRUCCIÓN MÁS ANTIGUA DE MADRID

La construcción más antigua de Madrid es anterior a la propia ciudad, ya que se trata de un templo egipcio traído a la capital de España en el siglo XX. El Templo de Debod fue donado a España en 1968 por el gobierno egipcio. Actualmente se encuentra situado en la Montaña de Príncipe Pío, muy cerca de Plaza de España.

Este templo, protagonista de muchas de las mejores postales madrileñas, procede de la Baja Nubia y fue construido hacia el año 200 antes de Cristo, como homenaje al dios Amón. Fue un regalo del gobierno egipcio al español como agradecimiento por la ayuda prestada en los años 50 del siglo XX para salvar templos que iban a ser engullidos por las aguas del Nilo durante la construcción de la presa de Asuán. Inaugurado en 1972, para la reconstrucción se respetó la orientación este-oeste del original.

PUERTA DE ALCALÁ

La Puerta de Alcalá fue inaugurada en 1778 bajo el reinado de Carlos III. En la época en la que construyó tenía muros a sus lados, que rodeaban la ciudad, y funcionaba como puerta de entrada y salida a la villa, junto con las otras cinco puertas de Madrid (Segovia, Guadalajara, Toledo, Atocha y Bilbao), que se cerraban cada atardecer. Los muros no se derribaron hasta 1869 y el nombre de la puerta de Alcalá se debe a que era el camino utilizado para ir de Madrid hacia Alcalá de Henares. Anteriormente, existía otra Puerta de Alcalá, construida de ladrillo y que se conocía popularmente como "Puerta de la peste", pues se utilizó como punto de cierre a la población de Madrid durante la epidemia de peste que azotó la villa durante el siglo XVI.

Una curiosidad de la Puerta de Alcalá es que dispone de dos caras diferentes. Este inusual hecho fue provocado porque Carlos III, sin darse cuenta, aprobó dos proyectos distintos y, como en aquella época contradecir a un monarca no era posible, Francesco Sabatini, el encargado de la ejecución, realizó una mezcla de ambos. La fachada por la que se accedía a Madrid, más rica en decoraciones y ornamentos, estuvo a cargo del escultor español Francisco Gutiérrez; mientras que la fachada interior, que se utilizaba como salida de la ciudad, más sobria y sencilla, fue realizada por el francés Roberto Michel.

Los disparos que todavía se pueden contemplar en la Puerta de Alcalá no son recuerdo de la Guerra Civil española, como muchas personas piensan. Se trata de metralla que dejaron las tropas francesas, huellas de la invasión de los soldados conocidos como los Cien Mil Hijos de San Luis, un contingente que invadió España en 1823.

LA CALLE MÁS LARGA Y LA MÁS CORTA DE MADRID

La calle Alcalá es la más larga de Madrid, con 10 km de longitud; y la más corta la calle Rompelanzas, que va desde Preciados hasta la calle del Carmen, y en total no tiene más de 20 metros.

Parte de la calle Alcalá es Cañada Real y una vez al año, cuando se celebra la tradicional fiesta de la trashumancia en la que los pastores reivindican el uso de la vía como cañada y cruzan por Madrid, podemos ver las curiosas imágenes de las ovejas pasando por el centro de la capital junto a la Puerta de Alcalá.

La calle Rompelanzas nació como atajo para caballerías, pero dados sus muchos y profundos baches y a la estrechez de la zona de giro, algunos pesados carruajes rompían allí sus lanzas. Tan corta era esta calle con respecto al largo del carro más el tiro del caballo, que cuando el coche se disponía a girar se originaba el crujido de la madera, haciendo que quebraran las varas o lanzas, de ahí el nombre que adoptó la calle.

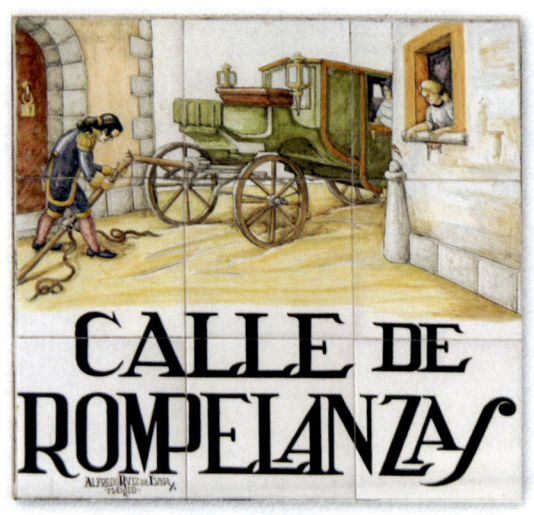

LA PLAZA MAYOR

La Plaza Mayor es el corazón del Madrid de los Austrias y una de las primeras plazas cuadradas de España. Fue el modelo exportado a América por lo que todas las ciudades del Nuevo Mundo replicaron su estructura. El primer edificio en construirse sigue siendo hoy el más conocido: la Casa de la Panadería que, aunque ha tenido disímiles usos, nació efectivamente en 1590 como tahona. Enfrente, la Casa de la Carnicería se levanta después, con Felipe III. Su arquitecto, Juan Gómez de Mora, es el artífice de cuadrar la plaza y construir los soportales. Las obras concluyeron en 1619, pero luego sufrió incendios: dos en el siglo XVII y otro a finales del XVIII.

Uno de los pasajes más amargos y cruentos de esta antigua plaza fue su uso como emplazamiento para celebrar las ejecuciones ordenadas por la Santa Inquisición durante los siglos XVII, XVIII y XIX. Los actos públicos en los que los condenados debían retractarse y arrepentirse de sus pecados, conocidos como Autos de Fe, daban paso al asesinato o ajusticiamiento del reo, que podía morir decapitado mirando hacia la Casa de la Panadería o condenado a garrote vil, delante de la Carnicería. En 1622 la Plaza Mayor vibró por nada menos que cinco canonizaciones, un empeño del muy devoto rey Felipe II. Los nuevos santos fueron San Isidro Labrador, San Ignacio de Loyola, Santa Teresa de Jesús, San Francisco Javier y San Felipe Neri. Las celebraciones, entre lo religioso y lo profano, fueron típicamente barrocas con gran despliegue de música, danza y teatro, "toros encohetados" y hasta fuegos artificiales.

Los inquilinos de la Plaza Mayor tenían una servidumbre que los obligaba a ceder los balcones a los invitados de los reyes los días de festejos. Felipe IV tuvo el descaro de subir al balcón real a su amante, María Calderón, La Calderona, popular actriz que triunfaba en los corrales de comedia, lo que hizo que la reina Isabel de Borbón se enfureciera, por lo que el rey no tuvo más remedio que construirle su propio balcón a la amante, en un lugar más discreto de la plaza que se llama desde entonces el balcón de La Marizápalos, el apodo de la actriz por el conocido baile que interpretaba.

UNA ESTATUA DEVORADORA DE PÁJAROS

Una de las estatuas más fotografiadas de Madrid es la figura ecuestre del rey Felipe III. Su ubicación, en pleno centro de la Plaza Mayor desde mediados del siglo XIX, explica su fama. Lo que poca gente sabe es que en el pasado fue un auténtico cementerio de gorriones, que conseguían entrar por la boca abierta del caballo en busca de un nido protegido, pero no tenían suerte, debido a la estrechez del cuello de la figura, y quedaban atrapados y sin poder salir. Así, muchos quedaron condenados en esta trampa mortal. Durante la II República, una bomba destrozó parte de la estatua y descubrió, ante la sorpresa de todos, cientos de huesecillos de los pájaros que durante años habían muerto en su interior. Durante su restauración tras la Guerra Civil, se selló la boca del caballo para que no siguiera devorando pájaros.

LA CASA DE LA PANADERÍA

S e empezó a construir en el año 1590 cuando la Plaza Mayor no era todavía una plaza como tal. Su nombre ya nos deja muy claro la función original de este edificio y es que este lugar fue la tahona de la villa, donde se llevaba a cabo el comercio de un producto tan básico como el pan. Cuando la Plaza Mayor sufrió el grave incendio de 1790, la Casa de la Panadería fue de lo poco que se libró de las llamas. Y para la posterior reconstrucción, se utilizó como referencia a la hora de levantar los demás edificios. Desde sus balcones, los reyes y su familia disfrutaban de los numerosos actos que han tenido lugar en este emblemático espacio de Madrid, como las corridas de toros o los autos de fe. En su interior nos aguardan espectaculares estancias como el Salón Real. A lo largo de sus más de cuatro siglos, la Casa de la Panadería ha asumido muchas funciones y ha sido sede de instituciones como la Real Academia de Bellas Artes de San Fernando, la Real Academia de Historia, Biblioteca Municipal y Archivo Municipal.

LAS CUEVAS DE LUIS CANDELAS

L as cuevas de Luis Candelas es hoy un restaurante castizo y con historia de Madrid. Sin embargo, el lugar donde está asentado sirvió, allá por el año 1825, de guarida y cobijo para uno de los más célebres bandoleros de Madrid: Luis Candelas. Su ubicación, un lugar privilegiado por motivos históricos y gastronómicos, se halla a cincuenta metros de la Plaza Mayor, cerca de una de sus más conocidas entradas: el Arco de Cuchilleros.

La vida de Luis Candelas fue tan intensa como temida su persona; rodeado de un halo a caballo entre la leyenda y la realidad, que le acompañaría hasta el final de su existencia. Bandolero culto y refinado, pues era un avezado lector, a la vez que le gustaba vestir bien y hacía gala de exquisitos modales. Haciendo demostración de su gallardía, la leyenda y la historia le atribuyen a este singular personaje la célebre frase que pronunció momentos antes de ser ajusticiado: "Adiós Patria mía, ¡sé feliz!"

EL RESTAURANTE MÁS ANTIGUO DEL MUNDO

El restaurante Sobrino de Botín, considerado como uno de los mejores lugares para degustar un buen cochinillo o cordero al estilo castellano, aparece en el libro Guinness de los Récords como el más antiguo del mundo. Está situado en la calle Cuchilleros y abrió sus puertas en 1725. Fue un francés quien lo puso en marcha junto a su esposa, Jean Botín. Su titularidad pasó más tarde a un sobrino de Jean Botín, de ahí el nombre, y posteriormente a la familia González Martín.

En sus más de 300 años de historia ha sido visitado por comensales ilustres como Hemingway, Graham Greene, Truman Capote o Benito Pérez Galdós. De ahí que el local aparezca en varias obras literarias. Incluso se cuenta que el pintor Francisco de Goya trabajó de friegaplatos allí cuando era joven, a cambio de la comida.

PLAZA DE LA VILLA

La Plaza de la Villa es uno de los principales núcleos del Madrid medieval, con fachadas de edificios de gran valor histórico y arquitectónico como la Casa y Torre de los Lujanes, la Casa de Cisneros y la Casa de la Villa. La Casa de Cisneros es del siglo XVI y de estilo plateresco. Es la casona-palacio donde vivió el sobrino del Cardenal Cisneros, Benito Jiménez de Cisneros. La Casa de la Villa es del siglo XVII y fue la sede del Ayuntamiento de Madrid desde que se construyó hasta el año 2008.

En particular la Torre de los Lujanes es una de las construcciones civiles más antiguas de todo Madrid, ya que data del Siglo XV. De estilo gótico-mudéjar, su nombre viene de sus primeros propietarios, la familia de "los Lujanes", unos prósperos comerciantes de origen aragonés. Cuenta la leyenda que sirvió de prisión para alojar a Francisco I de Francia tras la Batalla de Pavía, en que lo venció Carlos V el Emperador. Dicen que el Emperador para hacer sufrir una mayor humillación al soberano francés, su archienemigo, le hizo pasar por una de las puertas laterales de la torre, para que al entrar tuviese que agachar la cabeza.

LA PLAZA MÁS PEQUEÑA

E s un rincón en parte escondido de la ciudad. Se trata de la Plazuela de San Javier, que pasa por ser la más pequeña de la capital española. Presente ya en planos del siglo XVIII, este coqueto lugar se encuentra en pleno Madrid de los Austrias y solo la atraviesa la estrecha calle del Conde.

Ramón Gómez de la Serna la definió como "un recodo de meditación en que se fragua lo muy madrileño". La plaza queda abierta tan solo en su lado Sureste, frente al n.º 3 de la calle del Conde, espacio que ocupó el Mesón de San Javier, entre cuyas historias legendarias se cuenta que en el mismo edificio vivía una dama enamorada del bandido Luis Candelas, que allí iba a visitarla y que allí mismo cometió varios asaltos. Dicha casa se documenta ya en el siglo XVI como posible domicilio del Aposentador de Felipe II, por su proximidad al primitivo Alcázar Real. Cuenta el historiador y cronista madrileño Pedro de Répide que su nombre se debe a que allí había una edificación propiedad de la Compañía de Jesús en cuya fachada se encontraba una imagen de San Francisco Javier, el jesuita apóstol de las Indias.

LA CASA MÁS ESTRECHA

En el número 61 de la Calle Mayor se encuentra la considerada como "casa más estrecha" de la capital. Tiene poco más de cuatro metros de ancho y entre sus paredes vivió y murió una leyenda de la literatura española: el poeta Pedro Calderón de la Barca.

En la época en la que se levantó la vivienda, segunda mitad del Siglo XVII, Madrid tuvo su primera fiebre del ladrillo, así que para ahorrar metros de suelo las casas comenzaron a ser más estrechas y a tener segundas y terceras plantas. El edificio original solo contaba con dos plantas, las dos últimas fueron añadidas tras una reforma que se acometió en el siglo XIX y en la que también se varió la fachada. Fue Ramón de Mesonero Romanos, cronista de Madrid, quien salvó la casa de Calderón de la Barca cuando la iban a demoler. Por lo visto nadie había caído en la cuenta de que se trataba de un patrimonio histórico de la ciudad. Gracias a su actuación se frenó la demolición y se colocó una placa recordando esta casa como la residencia del autor de tantas obras inmortales como *La Vida es Sueño.*

LA POSADA DEL PEINE

Cuando Madrid era una ciudad de paso, se abre un negocio familiar, a cuya cabeza estaba Juan Posadas, en la que por entonces era la calle Vicario Viejo, en la actualidad Marqués Viudo de Pontejos. Se llamó posada del peine como reclamo comercial, como símbolo de distinción, ya que dejaban un peine en cada habitación a disposición del cliente; eso sí, sujeto al lavamanos para que no se "perdiera" en el bolsillo de algún huésped.

Con el tiempo la fama de la posada fue creciendo por lo que el nombre perdura hasta nuestros días. Durante décadas fue el hospedaje de Madrid con más tránsito. Abierta junto a la Casa de Postas, lugar destinado al recambio y descanso de los caballos que seguían los caminos de la correspondencia, lugar también de llegada de carruajes y viajeros, y situada cerca de la Plaza Mayor, punto estratégico en la villa.

EL RELOJ MÁS GRANDE
DE LA CAPITAL

Contrariamente a la creencia popular, el reloj más grande de Madrid no es el que se encuentra en la Puerta del Sol, famoso por dar las campanadas en Nochevieja. Más grande que ese es el reloj de la estación de Atocha. Podemos verlo en el exterior de la Estación, coronando una torre cuadrada de ladrillo. Sobre un fondo blanco, desde la distancia es imposible hacerse a la idea de que sus manecillas miden 5 y 7 metros respectivamente.

Durante la Guerra Civil los republicanos la utilizaron la Estación de

Atocha como una cárcel improvisada y al final de la guerra sufrió muchos daños, así que la torre y el reloj se instalaron en la popular estación durante una amplia remodelación, entre los años 1985 y 1992. Su jardín tropical, con hermoso invernadero, está conformado por unas 500 especies. Curiosamente en el jardín muchas personas abandonan tortugas que se han habituado a vivir en sus lagunas artificiales, indiferentes ante los miles de viajeros que cruzan por allí a tomar sus trenes de larga o corta distancia.

LA CIBELES GUARDIANA DEL ORO

Según algunos autores, la fuente de Cibeles es clave en la seguridad del Banco de España. En caso de que las alarmas de la cámara de oro se disparen por intento de robo, la fuente la inundaría en segundos. Esto es posible por la canalización del agua, que va del subsuelo, justo debajo de los leones que tiran de la carroza, a la cámara ubicada a 35 metros de profundidad.

Originalmente la Cibeles contaba también con un oso y un dragón que hasta 1862 adornaban la fuente y de sus caños bebían agua los madrileños. El conjunto ha cambiado de ubicación y de orientación con el paso del tiempo. Inicialmente se encontraba junto al

Palacio de Buenavista y mirada hacia Neptuno. Todo esto varió en 1895, cuando se instaló en el centro de la plaza. Para construirla se usaron 10.000 kilos de piedra, mármol cárdeno del pueblo de Montesclaros, de Toledo, y piedra de la localidad madrileña de Redueña. Durante la Guerra Civil se protegió cubriéndola con una montaña de sacos terreros en forma de pirámide, lo que le hizo ganarse el apodo de "La linda tapada". Cuando terminó la guerra el pueblo de Madrid la destapó y desde entonces la comparte con visitantes de todo el mundo.

LOS LEONES DEL CONGRESO

La tradición ha querido llamar a los dos leones que adornan la entrada principal del Congreso de los Diputados: Daoiz y Velarde, en honor a los héroes del 2 de mayo de 1808. Lo más curioso es que hubo varios leones antes de estos, que fueron cambiándose hasta la versión definitiva que hoy contemplamos. Según dice la inscripción al pie, el material de las esculturas proviene de cañones tomados al enemigo en la guerra de África en 1860. Concretamente fue en la batalla de Wad-Ras, que puso fin a la contienda y derivó en el tratado *Paz de Tetuán*. Cada león apoya una pata delantera en una bola del mundo. El escultor encargado de moldearlos fue Ponciano Ponzano, responsable también de la Estatua de la Libertad de Madrid.

Los leones fueron bajados de sus pedestales en 1985 para su restauración y limpieza, y mucho más accesibles al ojo humano quedó visible la particular vergüenza de uno, que no tenía testículos. La gente comenzó a hacer cábalas sobre la notable ausencia y algunos concluyeron que se debía a que un león sería macho y otro hembra, porque en un primer momento se concibieron como representaciones de Hipómenes y Atalanta, héroe y heroína de la mitología griega; sin embargo, ambos tenían melena masculina. Entonces optaron por la hipótesis de que al escultor no le alcanzó el bronce y eliminó aquello que menos se notaría; otros dicen que el león sin testículos representa a la mismísima reina Isabel II, que encargó la construcción del Congreso de los Diputados y cuya estatua de mármol aparece también a la entrada de la institución.

LA CUARTA CÚPULA MÁS GRANDE DE LA CRISTIANDAD

La ciudad de Madrid cuenta con una cúpula de enormes dimensiones que es la cuarta más grande de la cristiandad. Se trata de la cúpula de la basílica de San Francisco el Grande, que además de atesorar lienzos de Goya o Zurbarán en su interior, está coronada por la cúpula más grande de España. Tiene una altura de 57 metros y un diámetro de 33 metros. Estas colosales dimensiones la convierten en la cuarta de Europa, tras la basílica de San Pedro, el Panteón de Agripa, en Roma, y Santa María del Fiore, en Florencia. Una exuberancia artística que adquiere aún más valor por los vaivenes históricos del edificio, cuyos orígenes se remontan al siglo XIII y ha pasado por usos como caballerizas, cuartel de infantería, hospital, Panteón Nacional y refugio de obras de arte durante la Guerra Civil.

Esta hermosa cúpula madrileña fue levantada entre 1761 y 1784, con diseño de fray Francisco Cabezas y terminación de Francisco Sabatini. Un paseo por su rotonda, con la mirada hacia arriba, impresiona al visitante.

UNA CASA DEL SIGLO XVII
Y LOPE DE VEGA

Entre los muchos vestigios del Siglo de Oro español que conserva la capital, está la Casa Museo Lope de Vega, que representa la típica vivienda común del siglo XVII, ya que se construyó hacia 1578. El poeta vivió en ella los últimos veinticinco años de su vida, hasta su muerte en 1635. Allí escribió algunos de sus textos más notables y sufrió algunas de sus mayores pérdidas. Entre esos muros murió su hijo Carlos Félix, cuando solo tenía siete años. La casa fue el hogar final de Juana, que falleció en ella al nacer Feliciana, la última hija legítima del autor. Y allí también terminó sus días, demente y ciega, Marta de Nevares, otro de sus grandes amores ("Resuelta en polvo ya, más siempre hermosa").

Esta institución trata de reproducir cómo fue la vivienda del poeta y en general las de aquella época. La casa es la misma que habitó Lope, con su huerto trasero al que hace referencia el gran autor en su obra, y su pozo antiguo. Las estancias se conservan como creemos que eran en la época. Por ejemplo, el estudio del escritor con muchos libros y su propio retrato, y la cocina antigua. La recreación de ambientes, cuyo objetivo es que se respire la presencia de Lope, evoca la existencia cotidiana del Siglo de Oro y nos acerca a su intimidad. El equipamiento de la casa incorpora obras de arte, mobiliario, enseres y ediciones bibliográficas vinculadas al literato y a su tiempo. El propio Félix Lope de Vega definía su casa: "Mi casilla, mi quietud, mi güertecillo y estudio".

PALACIO REAL Y JARDINES DE SABATINI

Aunque el palacio Real es la residencia oficial de los reyes de España, el monarca no vive en este suntuoso edificio desde 1967. Actualmente habita en un lugar algo más modesto de las afueras de Madrid, el palacio de la Zarzuela, al oeste de la capital. El palacio Real solamente se usa para ceremonias de Estado y eventos protocolarios. A pesar de la fama del Palacio de Versalles, es el de Madrid quien gana en amplitud, con más de 3.000 habitaciones y 135.000 m², en los que encontramos zonas tan espectaculares como el mirador, los jardines del Campo del Moro, las caballerizas, la sala del trono o las cocinas reales. El Palacio Real de Madrid está construido en el emplazamiento de un antiguo alcázar árabe. En 1083, el rey Alfonso VI tomó Madrid y utilizó en ocasiones la fortaleza, que acabó convirtiendo en su residencia en 1329. Más tarde, en 1734, el palacio fue destruido en un incendio y se construyó uno nuevo por orden del rey Felipe V.

Además de albergar joyas pictóricas y escultóricas, el palacio cuenta con una gran red de túneles secretos, entre los que destacan el pasadizo que unía este edificio con la farmacia Reina Madre, una botica fundada en 1578 por un alquimista veneciano que era la proveedora de los nobles y reyes.

Los jardines del palacio merecen mención aparte. Estos jardines, en la cara norte de Palacio Real, ocupan el terreno de las antiguas caballerizas de Palacio. Carlos III las mandó construir a su arquitecto Francisco Sabatini y de ahí el nombre de los jardines y el hecho de que una escultura de este Rey presida la entrada. La vegetación que podemos disfrutar está compuesta por magnolios, cipreses, arces, cedros, bojs, rosales... Los jardineros cuidan sus formas geométricas, propias de un jardín afrancesado, con estilo neoclásico, que encaja a la perfección con el estilo del Palacio Real.

EL TÚNEL DE JOSÉ BONAPARTE

J osé I es un personaje que forma parte de la historia de España y concretamente de Madrid. Además, dejó un gran legado en la capital madrileña. El Madrid de Bonaparte pervive en forma de muchas plazas, un famoso pasadizo subterráneo e incluso asentó las bases del Museo del Prado. Aunque las formas en que su hermano, Napoleón Bonaparte, proclamó a José Bonaparte I como rey de España, no fueron las mejores, lo cierto es que en su corto mandato, entre los años 1808 y 1813, hizo importantes contribuciones a la ciudad de Madrid, en un intento por convertirla en una urbe moderna como París. Se le bautizó como el Rey Plazuelas, por la cantidad de plazas que abrió en poco tiempo. Pero el tópico más cruel con el que le moteó el pueblo de Madrid fue el de Pepe Botella, debido a su presunta afición por la bebida.

Una de las grandes curiosidades del paso de José Bonaparte por Madrid fue la construcción de un túnel que conectaba el Palacio de Oriente con el Palacio de Vargas. Este pasadizo subterráneo recibe el nombre de Túnel de Bonaparte y fue construido por Juan de Villanueva. Algunos investigadores aseguran que el hermano de Napoleón lo usó habitualmente como salida rápida a la Casa de Campo, con el simple objetivo de tomar el aire cuando la rutina de la corte le agobiaba. Si paseas por Madrid Río puedes ver una puerta, permanentemente cerrada, con un cartel al lado que anuncia: Túnel de Bonaparte. El otro extremo del túnel también podemos verlo si entramos en el recinto del Campo del Moro. Cuando huyó de Madrid, José Bonaparte cargó con oro, cuadros y objetos de mucho valor, pero no utilizó su túnel, ya que se marchó con varios carruajes llenos, como cuenta en su novela *El equipaje del Rey José,* el gran cronista de la historia de España Benito Pérez Galdós.

LA ESTATUA DE FELIPE IV DISEÑADA POR GALILEO GALILEI

La estatua ecuestre de Felipe IV se atribuye el escultor toscano Pietro de Tacca. Está situada en el centro de la Plaza de Oriente mirando hacia el Teatro Real. Pero no siempre estuvo allí. La ubicación original fue el Jardín de la Reina, un patio del Palacio del Buen Retiro, ya desaparecido. Más tarde, fue trasladada al Real Alcázar de Madrid, hasta que sufrió el famoso incendio, en la nochebuena de 1734, que lo dejó inservible y de cuyas cenizas renació el nuevo Palacio Real que ahora conocemos. Allí estuvo hasta que en 1843, por orden de Isabel II, se colocó en el emplazamiento actual.

Data de 1640 y se dice que para realizarla el artista se inspiró en un cuadro, hoy también desaparecido, de Rubens. Fue la primera estatua ecuestre que se hizo en corveta, es decir, con las patas delanteras del caballo levantadas. Esta posición ocasionaba grandes dificultades de equilibrio, de ahí que el escultor pidió asesoramiento a Galileo Galilei, quien realizó un complejo estudio de pesos y puntos de apoyo. Estos cálculos derivaron en la utilización de un espesor de bronce variable, muy fino en la cabeza del animal y casi macizo en los cuartos traseros y la cola, que también sirve de apoyo para la figura.

UNA ESTATUA DE LA LIBERTAD

Madrid tiene una estatua de la libertad, creada por el escultor aragonés Ponciano Ponzano, el mismo que esculpió los leones del Congreso. La creó en 1853, unos veinte años antes de la de Frédéric Auguste Bartholdi, que acabó siendo un regalo del gobierno francés a los Estados Unidos. La escultura se ubica sobre el mausoleo de estilo neobizantino que sirve de enterramiento a varios personajes del panorama político español del siglo XIX. Mide unos 2 metros de alto y está esculpida en mármol de Carrara. Fiel a la idea original del autor, la figura representa a una mujer "joven, gallarda, ligeramente vestida, con rayos de luz refulgiendo de su pelo". Esta corona de rayos fue una innovación del autor, ya que hasta entonces a la Libertad se la representaba con el gorro frigio, el gorro que usaban los esclavos libertos en la antigüedad y que adoptaron como símbolo en la Revolución Francesa de 1889. Este nuevo elemento de la corona de rayos solares aparece en la estatua situada en la bahía de Nueva York.

Si quieres ver la estatua de la libertad española, solo tienes que ir al Panteón de Hombres Ilustres, comenzado en 1891 tomando como modelo el cementerio de Pisa y el campanile de Florencia. Las obras, sin estar finalizadas, tuvieron que darse por concluidas en 1899 por falta de financiación. Del ambicioso proyecto tan solo se materializó el campanile y tres de las cuatro galerías del panteón. Desde 1901 hasta 1906 fueron recibiendo sepultura allí algunos políticos importantes como Canalejas, Sagasta, Argüelles, Eduardo Dato, Ríos Rosas o Cánovas del Castillo.

NAPOLEÓN EN CHAMARTÍN

El 2 de diciembre de 1808 Napoleón entró en Madrid luego de haber vencido en la batalla de Guadarrama. Después de la derrota de las tropas francesas en Bailén, el emperador no quería más errores y asumió personalmente la dirección de las operaciones viajando a España para someter la ciudad de Madrid y proclamar rey a su hermano José de Bonaparte. Poco pudieron hacer los madrileños frente a la superioridad de las tropas imperiales. El ejército francés entró a Madrid por el norte, por lo que sería hoy la Plaza de Castilla, donde terminaba la antigua carretera a Francia y acampó en un olivar cercano, tomando como cuartel general una pequeña aldea donde vivían apenas 70 familias: Chamartín de la Rosa, hoy uno de los barrios más prósperos de la urbe madrileña.

Allí se instaló Napoleón, en el palacio de los duques del Infantado y de Pastrana. Más allá del cuidado jardín del palacio se extendía un amplio pinar y se cuenta que, hasta muy avanzado el siglo XX, sobrevivió un monumental pino centenario llamado "el pino de Napoleón", bajo cuya sombra le gustaba meditar sus estrategias. El palacio ya no existe, aunque los muebles del gabinete del emperador se conservaron hasta avanzado el siglo XX. En el recinto del conjunto palaciego se ubican hoy los colegios Nuestra Señora del Recuerdo y Sagrado Corazón Chamartín. Napoleón estuvo poco tiempo en Chamartín, tan solo del 2 al 22 de diciembre de 1808, pero fueron veinte días de gran importancia para la historia. Allí escribió sus *Siete Decretos* del 4 de diciembre con los que abolió el Antiguo Régimen, desterrando las instituciones feudales y suprimiendo la Inquisición. La crónica de la "visita" del Emperador a Madrid la hizo el gran Benito Pérez Galdós en uno de sus famosos Episodios Nacionales, titulado *Napoleón en Chamartín*.

ASEGURADA DE INCENDIOS

Muchas casas del centro de Madrid conservan un antiguo cartel que dice "Asegurada de incendios". Estos avisos datan del siglo XIX y están relacionadas con las compañías aseguradoras y los cuerpos de bomberos. La idea de colocar estas placas en los edificios surgió en Londres mucho tiempo antes, cuando se creó la primera aseguradora contra incendios, que decidió identificar las casas en las que actuaría su propio cuerpo de bomberos en caso de necesidad.

En Madrid se creó la Sociedad de Seguros Mutuos de Incendios de Casas en 1822, en la que los socios eran a su vez asegurados y colocaban estos carteles en sus edificios como garantía publicitaria para sus compradores e inquilinos, y también para que los zapadores y bomberos a sueldo de la Sociedad de Seguros supieran dónde debían actuar primero en caso de siniestro. Sin embargo, en 1894 se creó el cuerpo de bomberos de la Villa de Madrid y entonces dejó de tener sentido colocar las placas porque los bomberos asistían a cualquier casa, estuviera o no asegurada.

PLACAS DE MINGOTE

Andando por el centro de la ciudad es frecuente encontrar algunas placas distintivas a la puerta de comercios importantes en la historia madrileña. Son láminas de bronce con un dibujo realizado por el humorista gráfico Mingote. En sus diseños se pueden distinguir los personajes clásicos y algunos elementos urbanos de la ciudad. Empezaron a colocarse en 2006 y señalan a los establecimientos más antiguos de Madrid. Cuentan con este distintivo algunos lugares míticos como Botín, El Riojano, Casa Labra, La Bola, Casa Ciriaco, la farmacia de la Reina Madre, entre muchos otros.

Nacido en Sitges, Antonio Mingote pasó gran parte de su vida en Madrid, estudiante de letras, abandonó la carrera y se dedicó en cuerpo y alma a su gran pasión, el humor. Dirigió varias revistas y se convirtió en un referente, gracias a sus chistes y viñetas. Sus más de 120 placas conmemorativas pueden verse en edificios y calles de Madrid, en ellas consiguió reunir historia y divertimento, para hacernos ver más allá de las fachadas de edificios centenarios de la capital de España.

EL PASEO DE LA FAMA DE MADRID

E l paseo de la fama de Madrid es un tramo de la calle Martín de los Heros, situada muy cerca de Plaza de España y detrás de la conocida Plaza de los Cubos, en el barrio de Argüelles. En esta calle se rinde homenaje a los actores y cineastas más destacados del cine español, de modo similar al paseo de la fama de Hollywood en Boulevard. Se inauguró en 2011 y exhibe varias estrellas en su acera, con el nombre de algunas de las figuras más relevantes del celuloide español. Entre los nombres seleccionados vemos a Pedro Almodóvar, Alejandro Amenábar, Imperio Argentina, Antonio Banderas, Juan Antonio Bardem, Javier Bardem, Luis Buñuel, Penélope Cruz, Fernando Fernán Gómez, Luis García Berlanga, Pepe Isbert, Alfredo Landa, Tony Leblanc y Carmen Maura. Los amantes del cine en versión original tienen allí una cita obligada, puesto que en la calle Martín de los Heros hay varias salas especializadas: los cines Golem, los Renoir, entre otros.

CAVA BAJA Y CAVA ALTA

Las cavas fueron túneles excavados en la roca, que los árabes habían utilizado como entradas y salidas de la población bajo la muralla defensiva. El terreno de la actual Cava Alta era más elevado que el de la Cava Baja, de ahí obtuvieron cada una su nombre. La Cava Baja pasaba por debajo de la llamada Puerta de Moros y por ella escaparon los árabes cuando se produjo la toma de Madrid por los cristianos. Túneles secretos, las cavas sirvieron para que los sitiados lograran huir y para entrar a la ciudad a sus atacantes. Se dice que por la Cava Baja escapó de sus perseguidores musulmanes, entre otros, San Isidro Labrador. Más tarde en estas cuevas excavadas se refugiaron bandidos, por lo que

las autoridades mandaron a cegarlas, pero una vez desaparecida la muralla dieron nombre a dos concurridas calles de Madrid. Situadas en el corazón de La Latina, estas dos calles constituyen una de las principales zonas de la capital donde comer y beber. Punto de concentración de madrileños y visitantes, solo en la Cava Baja se dan cita más de 50 bares, tabernas y restaurantes en apenas 300 metros.

LAS CASAS A LA MALICIA

En 1561 el rey Felipe II trasladó la corte a Madrid y esta mudanza supuso la invasión pacífica de la villa por parte de la burocracia nacional. Funcionarios, embajadores y toda clase de personajes de la corte cambiaron su lugar de residencia temporal o permanentemente. La solución del problema pasó por la creación de una nueva ley conocida como *regalía de aposento*, que consistía básicamente en lo siguiente: si tu casa mide tanto, puedes acoger a tantas personas. Pero como ser anfitrión contra voluntad es plato de mal gusto, la picardía se anticipó a la ley y los propietarios de las casas de dos pisos trampearon todo lo posible sus fachadas, para hacer parecer que la primera planta era un establo y que la buhardilla servía de trastero. También inclinaban los tejados para impedir ver cuántas plantas había, presentaban pequeños ventanucos en desorden y creaban plantas intermedias que no fueran habitables, así que dieron pie a un nombre: casas a la malicia.

UNA FUENTE DENTRO DEL METRO

En la céntrica estación de metro Ópera hay una joya desconocida hasta hace poco en la ciudad. Se trata de la fuente de los Caños del Peral, un pequeño recuerdo del siglo XVII que está situado bajo la plaza de Isabel II. En sus orígenes, formaba parte de unos baños árabes, así que pasa por ser una de las primeras fuentes de Madrid.

Junto a ella había un acueducto, llamado de Amaniel, que suministraba agua hasta el cercano Palacio Real. Al realizar obras en la zona a principios del siglo XIX, se decidió "enterrar" la fuente, que ha permanecido oculta durante casi 200 años, hasta que a principios del s. XXI unas reformas en el suburbano madrileño la sacaron a la luz. Ahora forma parte de un reducido museo arqueológico de 200 metros cuadrados que bien merece una visita.

LA VIRGEN DE LA ALMUDENA

Junto con San Isidro, la Virgen de la Almudena es la patrona de Madrid. El motivo hay que buscarlo en la conquista de la ciudad por los cristianos en el siglo XI. El rey Alfonso VI, una vez traspasados los muros de Madrid, quiso rendir homenaje a la estatua de la Virgen, que había traído el apóstol Santiago desde Tierra Santa en el año 38 después de Cristo. Pero como la talla había sido ocultada para evitar que los musulmanes la profanaran, nadie sabía dónde estaba. Tras una larga procesión por la ciudad en la que participó incluso el Cid Campeador, finalmente una zona de la muralla empezó a derruirse sola, hasta dejar al descubierto la talla, que permanecía con dos cirios encendidos. De ahí el nombre de Almudena, que procede del árabe "al-mudayna", recinto amurallado. Este hecho sucedió un 9 de noviembre y por eso la fecha ha quedado como el día de la Virgen. En Madrid la Virgen de la Almudena es tan respetada que incluso durante la Guerra Civil no sufrió daño alguno, permaneció en su columna en la Cripta de la Catedral y milagrosamente nadie la tocó. Al terminar la guerra tenía una cuerda al cuello con un cartel en el que ponía: "Respetadla".

SAN ISIDRO LABRADOR
Y SUS FIESTAS

San Isidro Labrador nació en el año 1080, en la actual calle de Las Aguas, situada en el castizo barrio de La Latina. Se dedicó a trabajar la tierra y a la elaboración de pozos. Ejerciendo dicha profesión, comenzó a correr el rumor por la ciudad de que todo pozo que abría Isidro generaba un abundante caudal, aunque estuviera situado en tierras normalmente áridas. Se dice que hizo brotar milagrosamente una fuente de agua en medio del campo con solo un golpe de su bastón. Esta fuente salvó a la ciudad de Madrid en un año de dura sequía. A San Isidro se le atribuyen más de cuatrocientos milagros, entre ellos el de la cazuela con comida infinita -conocida como "Olla de San Isidro"- que sirvió para alimentar a miles de pobres de la ciudad.

Pero sus milagros no terminaron con su muerte, que tuvo lugar en el año 1172. Años después de su fallecimiento, sus restos fueron exhumados en la Iglesia de San Andrés y se descubrió que su cuerpo había permanecido totalmente incorrupto. San Isidro se apareció en plena batalla de las Navas de Tolosa en forma de pastorcillo; y aconsejó y descubrió al rey Alfonso VIII una ruta secreta en Sierra Morena que les ayudaría a conseguir la victoria contra los musulmanes. Por órdenes de Alfonso VIII en la capilla mayor de la considerada antigua catedral de Madrid, actualmente Colegiata de San Isidro, fue enterrado de nuevo junto a los restos de su mujer, Santa María de la Cabeza; y beatificado el 15 de mayo de 1619 por el papa Paulo V. Su beatificación se realizó gracias a una campaña promovida por el pueblo de la Villa de Madrid y apoyada por Felipe II. La fiesta de San Isidro se celebra en la pradera junto al río Manzanares, porque precisamente era allí donde él labraba el campo y además fue donde posteriormente hizo manar el agua en una fuente de la que continúa brotando abundante en años de lluvia o de sequía.

LAS FIESTAS DE LA PALOMA

L as fiestas de La Paloma se iniciaron en un principio debido el culto a un lienzo de pequeño tama-
ño del siglo XVIII, el cual representaba a la Virgen de
la Soledad. La leyenda cuenta que unos niños lo encontraron abandonado en un viejo edificio de Madrid
y una mujer a quien llamó la atención el cuadro se los
compró y lo hizo restaurar. Posteriormente lo colgó
en la puerta de su casa de la calle Paloma, de ahí que
la imagen se empezara a conocer como la Virgen de la
Paloma. Enseguida corrió el rumor de que el pequeño

lienzo poseía propiedades milagrosas y la dueña del cuadro tuvo que dedicar una dependencia de su casa únicamente para la adoración popular. Tal fue el éxito de esta iniciativa, que el cuadro fue trasladado más tarde al altar mayor de la Iglesia de San Pedro el Real, en el año 1795. De ahí surge el culto a la Virgen de la Paloma y la verbena que se celebra originariamente en su honor en las fechas cercanas a la asunción de la Virgen, a mediados de agosto, desde el año 1798. En los días de celebración de estas fiestas, el célebre lienzo de la Virgen de la Paloma es sacado en procesión de la mano del cuerpo de bomberos de Madrid, del que es patrona.

LAS RELIQUIAS DE SAN VALENTÍN

L as reliquias de San Valentín se custodian en la madrileña iglesia de San Antón, en pleno centro de la urbe, en el número 63 de la calle de Hortaleza. Este santo, en tiempos del emperador Claudio II, casaba en secreto a los soldados romanos convertidos al catolicismo. Era una época en que el cristianismo estaba perseguido en Roma, así que Valentín acabó siendo apresado y murió decapitado, pero se le nombró el Santo Patrón de todos los Enamorados.

En la Iglesia de San Antón existe un relicario de estilo rococó del siglo XIX que custodia el cráneo, dos fémures y varios huesos más que supuestamente pertenecieron a San Valentín. Muchos se preguntarán cómo llegaron sus reliquias hasta aquí. Al parecer fue a finales del siglo XVIII, cuando el Papa se las regaló al monarca Carlos IV, quien a su vez los donó a los Escolapios de Madrid. Así es como llegaron a la madrileña calle de Hortaleza, en el barrio de Chueca. Desde hace varias décadas las parejas acuden cada 14 de febrero a dejar una "cinta del amor" en la reja que se sitúa custodiando las reliquias del santo, algo que se ha convertido en tradición.

EL BARRIO DE MALASAÑA

L a historia de Manuela Malasaña tiene lugar en
el contexto de los levantamientos del 2 de mayo,
cuando la cuidad de Madrid fue invadida por las tropas francesas de Napoleón Bonaparte. Cuenta una
leyenda que, en aquella jornada, la joven de 17 años
murió defendiendo el cuartel de Monteleón, ubicado
en la actual Plaza del 2 de Mayo.

Manuela era hija de un panadero de origen galo, Jean Malasagne. Este y su familia se habían ganado la estima de los vecinos del barrio Maravillas, quienes castellanizaban el nombre como Juan Malasaña. Durante el levantamiento del 2 de mayo de 1808, Manuela Malasaña fue ejecutada por los franceses ya que iba "armada" con unas tijeras que usaba para trabajar, ya que era bordadora y fue atacada al salir del taller de costura. Dos soldados franceses intentaron violarla y Manuela, para defenderse, usó unas tijeras. Los vecinos le hicieron un homenaje dedicándole el nombre de una calle y, posteriormente, el del barrio entero.

EL BARRIO DE LA LATINA

E ste popular barrio tomó su nombre en honor de una mujer que se adelantó a su época. Allá por el siglo XV. Beatriz Galindo (Salamanca, 1465- Madrid, 23 de noviembre de 1535) fue sin duda una mujer de gran cultura, lo que la llevó a convertirse en consejera de la reina, un papel reservado por entonces a los hombres. Su huella ha quedado impresa en la ciudad de Madrid, donde construyó varias obras sociales. La villa no olvidó sus méritos, ya que tanto el castizo barrio de La Latina como el distrito de Latina llevan su nombre. Además, en dicho distrito, en el

Paseo de Extremadura, una estatua recuerda su figura desde 1999.

Beatriz Galindo recibió el apodo por su dominio del latín, fruto de la esmerada educación recibida desde temprana edad. Su manejo del idioma clásico era tal que asombró al claustro de la Universidad de Salamanca, y esto llegó a oídos de la reina Isabel La Católica, quien la llamó a la Corte cuando la joven tan solo tenía 16 años. A finales del siglo XV, la corte era itinerante y Beatriz Galindo estuvo cerca de la reina hasta su muerte, incluso acompañó su féretro hasta su última morada. Junto a su marido, Francisco Ramírez, Beatriz Galindo fundó el convento de la Concepción Franciscana y los dos fueron los artífices de la construcción del hospital de la Concepción de Nuestra Señora, en la calle Toledo, próximo a la actual plaza de la Cebada, y cuyas obras concluyeron en 1507, cinco años antes que las del convento. Este espacio está ocupado en la actualidad por el teatro de La Latina.

EL BARRIO DE LAS LETRAS

En este barrio residieron grandes escritores de los siglos XVI y XVII, como Lope de Vega y Miguel de Cervantes, su eterno rival. Varias placas conmemorativas en distintos edificios recuerdan los lugares donde residieron. Como la situada en la calle de las Huertas 18, donde el escritor alcalaíno vivió de alquiler durante una temporada, o la que preside el inmueble de la calle que lleva su nombre, casi esquina con la de León, donde Cervantes falleció en 1616. Sus restos mortales reposan no muy lejos de allí, en el Convento de las Trinitarias Descalzas de San Ildefonso. A poca distancia del lugar, la iglesia de San Sebastián (Atocha, 39) alberga su partida de defunción, así como la tumba de Lope de Vega. Otros dos ilustres vecinos de la zona fueron los también archienemigos Luis Góngora y Francisco de Quevedo. En épocas distintas, ambos vivieron en el edificio situado en la esquina de las calles Quevedo y Lope de Vega. Sendas inscripciones en el inmueble y la calzada lo recuerdan.

CHULAPOS Y CHULAPAS

S e daba este nombre principalmente a los vecinos del barrio de Maravillas que se distinguían por cierta afectación y "guapeza" en el traje y en el modo de conducirse. Ellos vestían chaleco con clavel en la solapa, pantalones oscuros y ajustados, gorra a cuadros, botines y pañuelo blanco al cuello. Ellas, pañuelo a la cabeza con clavel rojo o blanco, blusa blanca ajustada con falda de lunares o vestido típico de lunares hasta los pies y Mantón de Manila.

El origen de este traje viene de una necesidad de reivindicar su posición de clase popular frente a la aristocracia madrileña. Esta indumentaria, por tanto, es mucho más que ropa, es la reivindicación y afirmación de un pueblo. Los chulapos y chulapas de Madrid han sido inmortalizados en numerosas zarzuelas y coplillas que aún hoy suenan por las calles de la capital. El vestido chiné, las verbenas y esa chulería aparecen en las letras de las grandes coplas.

Los chulapos salen a bailar chotis a las calles de Madrid en fiestas tan importantes como San Isidro, las fiestas de San Antonio de la Florida o las castizas verbenas de agosto de San Cayetano, San Lorenzo o la Paloma.

EL CHOTIS

El origen del chotis es sorprendente, ya que se importó a Madrid desde Bohemia. La música y baile provienen del término "schottisch", que en alemán significa "escocés" y designa a la danza centroeuropea que aterrizó en España el 3 de noviembre de 1850. La reina Isabel II había organizado una fiesta en el Palacio Real de Madrid y fue entonces cuando el baile conocido como *Polca Alemana* cautivó a los asistentes.

Comúnmente nombrado "schottisch", con el paso del tiempo terminó españolizado en el término "chotis". Y el chotis madrileño fue muy popular en toda Europa durante el siglo XIX, tanto que incluso llegó a las Américas. De este baile existen diferentes variantes en el folclore brasileño, austríaco, escandinavo, francés e italiano, entre otros. Los expertos en el tema creen que el italiano Antonio Apruzzese fue el primer músico en tocar el chotis madrileño con un organillo, versión que terminaría imponiéndose como la más genuina y la que hoy todos conocemos y disfrutamos.

LAS TAPAS MADRILEÑAS

S i hay algo que los madrileños valoramos son "las tapas". Parece lógico que la palabra tapa provenga del verbo tapar: tapar la bebida con un trozo de pan o una rodaja de jamón. Así una de las historias más trasmitidas dice que el rey Alfonso X enfermó y los médicos le recetaron vino; pero, para no emborracharse, el monarca tomaba su copa acompañándola con pequeñas porciones de comida. Viendo Alfonso X, el Sabio, en esto algo muy saludable dispuso que en los mesones castellanos se acompañara el vino con algo de comida, con lo que los efectos del alcohol se *tapaban*.

Hay una explicación más vulgar, en la que se dice que los mesoneros comenzaron a "tapar" con algo de comida el vino para evitar los efectos del alcohol en sus clientes y evitar así que se emborrachasen e hicieran destrozos en sus comercios.

LA CALLE MALDITA

La calle Antonio Grilo en el barrio de Malasaña es la que tiene la historia más macabra de la ciudad de Madrid. Solo el portal número 3 acumula ocho asesinatos. El más escabroso fue el de un padre que acabó con la vida de su mujer y sus cinco hijos para exponerlos en el balcón y seguidamente pegarse un tiro.

El primero de los asesinatos de esta casa sucedió en 1945, cuando mataron a un camisero en el piso principal y nunca se encontró al culpable. Apenas diecisiete años después, el 1 de mayo de 1962, el sastre del 3ºD terminó con las vidas de su mujer y sus cinco hijos, cuyos cadáveres exhibió por el balcón, y luego se quitó vida de un tiro. Dos años más tarde, una veinteañera ahogó a su bebé para evitar la deshonra de un embarazo secreto. La hemeroteca de *ABC* deja constancia además de otros hechos sangrientos que sucedieron en esta calle: accidentes de motocicleta, ajustes de cuentas, suicidios, atropellos de tranvía o un hombre degollado en 1915, justo al lado de la entrada a la casa maldita.

LA CALLE DE LA CABEZA

S i alguna vez has estado en Lavapiés seguramente hayas paseado por la Calle de la Cabeza. La historia comienza con una buena acción, un sacerdote que vivía en esta travesía recogió a un joven portugués que mendigaba, le dio un lugar donde vivir y un trabajo en su casa. Intentó darle una educación, muy a pesar de las malas compañías que el adolescente frecuentaba. Un día el sacerdote no apareció en la misa diaria, el sacristán alarmado por la ausencia fue hasta la casa del sacerdote a ver qué ocurría. Al llegar lo encontró muerto alrededor de un gran charco de sangre, había sido apuñalado y lo más macabro es que se habían llevado su cabeza. El criado portugués desapareció con el dinero.

Pasó mucho tiempo y el portugués volvió a Madrid confiando en que nadie lo reconocería, así que se fue al mercado y compró una cabeza de cordero para cocinarla, pero de camino a su pensión la cabeza empezó a chorrear sangre y un alguacil lo detuvo para comprobar qué llevaba. ¡Cual fue la sorpresa del antiguo sirviente cuando al abrir el paquete apareció la cabeza del sacerdote! Gracias a este milagro el asesino del cura fue descubierto y condenado a muerte. Se dice que el suceso tuvo tanta repercusión que Felipe III decidió colocar una cabeza de carnero labrada en la fachada de la casa del sacerdote, por lo que calle acabaría tomando el nombre de "Calle de la Cabeza".

CALLE DE LA CABEZA

102

EL CEMENTERIO DE LA ALMUDENA

E l Cementerio de Nuestra Señora de la Almudena es el más grande de la ciudad (con 120 hectáreas) y uno de los mayores de Europa Occidental. Desde su construcción en 1884 hasta la actualidad, se han enterrado aproximadamente cinco millones de personas, entre ellos ilustres personajes, como los presidentes de la Primera República: Nicolás Salmerón, Estanislao Figueras y Margall Francisco Pi; el fundador del PSOE, Pablo Iglesias; la bailaora Lola Flores;

la actriz Lina Morgan; o los escritores Pío Baroja o Benito Pérez Galdós. El ángel de la muerte que corona la capilla del cementerio es conocido por los madrileños como Fausto. La leyenda cuenta que si alguien escucha su trompeta la muerte le acecha, por lo que la historia también cuenta que al principio la escultura tenía el instrumento sobre su boca, pero por superstición se reubicó sobre sus piernas, donde podemos verlo todavía.

LA GRAN VÍA

G ran Vía es una de las calles más emblemáticas de Madrid, la gran avenida del espectáculo, llena de teatros, cines y grandes centros comerciales. Su creación se planteó en el Siglo XIX con la finalidad de descongestionar el centro de la ciudad, repleto entonces de callejuelas estrechas que rápidamente se colapsaban ante el creciente tráfico. La inauguración de los trabajos se inició con un golpe de piqueta que dio Alfonso XIII sobre la Casa del Cura, vivienda donde residía el párroco de la Iglesia de San José y que a la postre resultó la primera víctima de la Gran Vía, ya que muchos edificios antiguos fueron derribados para dar lugar a la nueva avenida, que enseguida se llenó de edificaciones modernas de estilo ecléctico y lujo nunca antes vistos en Madrid.

El particular cielo de la Gran Vía está lleno de esculturas que coronan los edificios a lo largo de la calle. A la altura del número 31 y 32, hay dos que merece la pena comentar. En el 32 se encuentra un Ave Fénix que lleva a lomos a Edimón, un joven pastor de la mitología griega que enamoró a Diana, la cazadora, cuya escultura corona el edificio del 31. La historia cuenta que la diosa quedó prendada del pastor mientras él dormía la siesta, por lo que acudía cada día a observar a su amado, sin embargo no podía poseerlo porque había hecho voto de castidad. Cuando su padre, Zeus, se enteró, envió al Ave Fénix a secuestrar a Edimón. Diana, que no quería renunciar a su amor, lanzó sus flechas para rescatarlo. Y algunas de aquellas flechas han quedado para siempre sobre la acera del número 32 de la Gran Vía, justo al pie de los enormes edificios, entre ambos conjuntos escultóricos.

EL RÍO MANZANARES

El Manzanares discurre íntegramente por la Comunidad de Madrid, nace en la sierra de Guadarrama y atraviesa la ciudad. Desde el establecimiento de la capitalidad española en Madrid hasta el segundo tercio del siglo XIX, las márgenes del río eran utilizadas como lavaderos de ropa, areneros y sitios para la pesca. En la actualidad existen restos de las antiguas instalaciones de la Casa-Lavadero de Policarpo Herrera, que entró en funcionamiento en 1831, junto al puente de Toledo, y de dos casas de lavandería entre los puentes del Rey y de Segovia, así como algunos canales artificiales, excavados en paralelo al cauce del río para facilitar las labores de las lavanderas. A principios de los años 30 estaba de moda en toda Europa ir a La Isla de Madrid. Se trataba de un barco gigante varado en la mitad del Manzanares y con dos pasarelas para que la gente pudiese pasearse como si fuera un lujoso crucero. Fue el primer club social de la capital y la primera piscina en la que se podían bañar los muchachos y las muchachas juntos.

Río de escaso caudal, el Manzanares ha sido objeto de constantes sátiras por parte de novelistas y poetas. Francisco de Quevedo decía en un poema: "Manzanares, Manzanares, arroyo aprendiz de río". Tirso de Molina, por su parte, arremetía en su "Cigarral Tercero": "Como Alcalá y Salamanca tenéis / (y no sois colegio) vacaciones en verano / y curso solo en invierno". Luis de Góngora se despachaba, después de una crecida: "¿Cómo ayer te vi en pena, y hoy en gloria? Bebióme un asno ayer, y hoy me ha meado". Más tarde se burlaba Rafael Alberti: "Pobrecito río, donde solo botan los barquitos los chiquillos".

EL PUENTE MÁS ANTIGUO

El Puente de Segovia es el más antiguo de la ciudad de Madrid. Felipe II mandó a construirlo allá por 1582, a su arquitecto favorito, Juan de Herrera, famoso por el Monasterio del Escorial. Se sitúa en el cruce de la calle de Segovia con el río Manzanares, punto que históricamente ha constituido uno de los principales accesos a la villa. Es un bien de interés cultural, con la categoría de monumento, desde 1996.

En noviembre de 1936, durante la Guerra Civil española, fue volado por el gobierno de la república para evitar la entrada en Madrid de soldados rebeldes al mando del general Yagüe. Tras la contienda, el nuevo gobierno lo reconstruyó introduciendo algunas variaciones con respecto al diseño original. El Puente de Segovia, al igual que el río Manzanares, fueron objeto de mofa por parte de autores del Siglo de Oro debido a que la majestuosidad de la construcción quedaba eclipsada por el poco caudal del río. Lope de Vega, arremetía contra el puente diciendo: "¡Quítenme aqueste puente que me mata, / señores regidores de la Villa! [...] / Pues yo con la mitad estoy contento, / tráiganle sus mercedes otro río / que le sirva de huésped de aposento".

LA IMPRENTA DEL QUIJOTE

En la imprenta de María Rodríguez Rivalde, el impresor Juan de la Cuesta tuvo la fortuna histórica de prensar el primer *Quijote* de la Historia. Aunque algo errado, ese mismo año se estampó una segunda edición ligeramente corregida y a día de hoy, sobre el mismo lugar que ocupaba la imprenta, se ubica la Sociedad Cervantina. Después de un acelerado trabajo de impresión a finales de 1604, su publicación llegaría al público un 16 de enero de 1605.

Las prisas por evitar el contrabando de la novela, así como la presión por el dinero invertido, provocaron que la edición príncipe de la novela cervantina, de casi 1700 ejemplares, viese la luz con numerosas erratas. Sin embargo, los errores de esta edición no serían obstáculo para el gran éxito cosechado por el libro. Una demanda optimista que legitimaría el encargo a Juan de la Cuesta, de una nueva impresión de

El Quijote ese mismo año, y que de paso, pondría solución a los fallos de la primera, dio como resultado una segunda edición, también de 1605, ligeramente distinta, de 1800 ejemplares y dos más en Portugal. Gracias a este prestigioso encargo, la imprenta de Juan de la Cuesta tuvo el privilegio de dar a luz las siguientes novelas de Cervantes, obras de Lope de Vega y novelas y escritos de autores del Siglo de Oro español.

MONUMENTO A CERVANTES

El monumento, de 35 metros de alto, es de una gran complejidad por la cantidad de figuras que contiene. Y también por su significado. La figura principal es Miguel de Cervantes sentado en una butaca, adosada al obelisco principal. En su mano derecha, sostiene un ejemplar del *Quijote*, parece que en dos tomos. Frente al escritor destacan las figuras de sus dos personajes más conocidos: don Quijote y Sancho Panza. Ambos están subidos a sus cabalgaduras habituales. El color negro del bronce de estos hace que su presencia sobresalga por encima del blanco predominante en el resto del conjunto.

Para costear su construcción se pidió una aportación a todos los países de habla hispana. La excusa para esta petición fue que el monumento celebra la difusión del idioma español en el mundo. Esta suscripción internacional tiene su reflejo en la esfera del mundo, que podemos ver en su parte más alta. Rodeando esta bola hay cinco figuras de mujer, leyendo un libro, que representan los cinco continentes.

LA CALLE DE LOS LIBROS

En 2025 se celebrará el centenario del emplazamiento de los libreros en la emblemática Cuesta de Moyano. Puede que muchos desconozcan que su nombre remite a Claudio Moyano, un político del siglo XIX que impulsó en 1857 la ley educativa más longeva de la historia española.

Durante mucho tiempo, los libreros estuvieron asentados en el mercado de la Plaza de Atocha, donde compartían clientela con floristas y fruteros. En 1919 abrieron sus casetas junto a la verja del Jardín Botánico, constituyéndose oficialmente como Feria de Libros. Los primeros años de vida de la feria estuvieron marcados por las continuas quejas por parte de la gerencia del Botánico, que se oponía al nuevo emplazamiento de los libreros. Finalmente, en 1925, la expo-venta de libros quedó establecida en la Cuesta de Moyano, donde echó raíces hasta el día de hoy.

EL CAFÉ GIJÓN Y LAS TERTULIAS

El Café Gijón (llamado también Gran Café de Gijón) es famoso por sus tertulias a lo largo del siglo XX. Situado en el número 21 del paseo de Recoletos, fue fundado el 15 de mayo de 1888 por un asturiano afincado en la capital de España. El éxito del negocio en los primeros años era precisamente que Recoletos resultaba un lugar de paseo habitual en verano. El café atraía a los viandantes casuales y se consumían horchatas, agua de cebada o de limón, una zarzaparrilla o cualquier refresco al uso de la época.

Poco a poco se fueron instaurando las tertulias en sus típicas mesas de mármol; se hablaba de política, de toros y de sucesos truculentos. Los tertulianos provenían a veces del cercano teatro Príncipe Alfonso. El dueño llevaba el local desde un atrio elevado y pronto abrió una terraza en el paseo. Por sus divanes rojos y mesas de mármol han pasado Galdós, Ramón y Cajal, Canalejas, Cossío, Cañabate, Ballester, Sastre, Valle-Inclán, entre muchos otros. Su terraza, siempre animada, era frecuentada por Lorca, Alberti o Buñuel. Camilo José Cela era otro personaje de relevancia en el Gijón, donde se dice que se inspiró para escribir su novela *La colmena*. También Francisco Umbral, que publicaría en 1972 *La noche que llegué al Café Gijón* donde retrata detalladamente a los asiduos del local, y escribe: "Sabíamos que en la calle de Madrid no éramos nadie e íbamos al Café Gijón para sentirnos algo. Alguien."

CALLE DEL CODO:
MEADERO ILUSTRE

Sus escasos 75 metros de longitud y la forma que tiene, creando casi un ángulo de 90º llevaron al Marqués de Grabal a bautizarla con ese nombre a principios del siglo XVIII. Esta pequeña vía une dos de las plazas con más encanto de Madrid: la del Conde de Miranda y la de la Villa. Y puede presumir de albergar un espacio protegido por el entorno histórico artístico que la rodea: haciendo esquina con la Plaza de la Villa se encuentra la Torre de los Lujanes. En esa misma parte de la calle están también la Real

Sociedad Económica Maritense de Amigos del País, la antigua Hemeroteca Municipal y la Iglesia del Corpus Christi, en la que se encuentra el Convento de las Carboneras, ya que la congregación guarda una imagen de Inmaculada Concepción encontrada en una carbonería y a la que se le atribuyen diversos milagros.

Pero si hay algo por lo que la historia de esta calle ha llegado a nuestros días es por la figura de uno de los autores más destacados de la literatura española, Francisco Quevedo. Al parecer, el dramaturgo utilizaba la estrechez y la oscuridad de esta travesía para orinar en ella cuando volvía de visitar las castizas tabernas de alrededor. Para más inri, el escritor siempre elegía el mismo portal de la calle, por lo que algún vecino cansado con la situación pintó una cruz con un mensaje: "No se mea donde hay una cruz". Sin embargo, el literato no frenó sus necesidades ante esta advertencia, sino que utilizó su agudeza contestando con otro grafiti: "No se coloca una cruz donde se mea".

LAS BIBLIAS MALDITAS DE LA PLAZA DEL CONDE DE BARAJAS

Esta plaza se encuentra escondida entre la calle Mayor, Toledo, Segovia y Cuchilleros, además de estar próxima a la Plaza Mayor y el Mercado de San Miguel. Su nombre proviene del título nobiliario que Felipe II le otorgó a Francisco Zapata y Cisneros en 1571, cuyo palacio se encontraba en la zona. La historia narra cómo una mujer se ganaba la vida vendiendo biblias en la plaza, ya que su vivienda también se encontraba aquí. Estas biblias no tendrían nada de especial si no fuera por sus cuidadas cubiertas, forradas en piel, a las cuales se les atribuía propiedades milagrosas. La fama que llegó a alcanzar con sus biblias de piel hizo que las vendiera a precios desorbitados. Era comprensible, ya que con el simple hecho de tocar la cubierta era suficiente para obrar milagros. Desde ese momento, los mentideros comenzaron a especular sobre la mujer y se llegó a propagar un rumor que afirmaba que la procedencia de la piel era de niños recién muertos cuyos cuerpos ella robaba en los cementerios. Debido a este rumor macabro, la comerciante de biblias fue perseguida e incluso detenida por la Inquisición y condenada a morir quemada.

MARÍA "LA AGORERA"

En el siglo XV llegó a Madrid una mujer llamada María Mola. Procedía de Burgos, donde había sido acusada de brujería y condenada a sufrir pena de vergüenza pública. En la capital pronto se hizo respetada por sus artes adivinatorias y ganó tanta fama que hasta un cura fue a visitarla. Tras un misterioso ritual, la bruja fingió tener una horrible visión y previno al religioso de lo que le ocurriría al día siguiente mientras estuviera diciendo su primera misa, ya que si era un alma buena vería un ángel pero si era malvado sería el diablo quien se presentaría.

En efecto, cuando el cura dictaba su primera misa vio un ser monstruoso dentro de su iglesia y creyendo que se trataba del diablo cayó desmayado. Cuando recobró el conocimiento, creyendo estar en pecado mortal confesó a su superior que el día anterior había visitado a la Agorera y la Iglesia emprendió una investigación contra ella por brujería. Aunque María confesó que el demonio no era nada más que una lechuza que ella misma había soltado durante la noche en la iglesia, con el único propósito de asustar al religioso y acrecentar su fama de adivina, la inquisición aplicó todo el peso de la Ley y en cumplimiento de la ordenanza contra las prácticas de brujería y hechicería, María fue condenada a morir ahorcada.

Desde entonces el espíritu de María "la Agorera" martiriza a los vecinos, especialmente a los que cruzan la calle donde vivió, que pronto se consideró embrujada. Esta travesía pasó a ser conocida como calle de la Agorera. Posteriormente, por deformación del vocablo, se convertiría en calle de la Gorguera, hasta que en 1904 el Ayuntamiento de Madrid decidió acabar con la leyenda y cambiar el nombre a la calle por el de Núñez de Arce. Pero, pese a todo, allí se aparece de vez en cuando María "la Agorera" y da un susto de muerte a los paseantes.

LA PLAZA DE LA CEBADA
Y LAS BRUJAS

L a plaza de la Cebada, entre las más antiguas de la capital, está considerada como uno de los encla- ves más singulares del centro de la ciudad de Madrid. El mercado homónimo que actualmente ocupa parte del espacio debe su nombre a la historia primigenia del lugar, cuya plaza fue construida en el siglo XVI. En esta popular ubicación era donde los campesinos acudían a vender los cereales; con la consiguiente separación entre la cebada destinada a los caballos del rey de los del forraje que iban para los regimientos de caballería. Además de un mercado, la plaza ha sido escenario de torturas y quema de brujas a cargo de la Santa Inquisición, de ahí su fama de lugar de apariciones de fantasmas y sucesos insólitos.

EL CALLEJÓN DEL GATO
Y LOS ESPERPENTOS

Muchos oímos mencionar por primera vez el Callejón del Gato en la obra de Valle-Inclán *Luces de Bohemia*, en la cual el protagonista Max Estrella y su amigo Don Latino de Hispalis, en estado de embriaguez, se pasean por las calles de Madrid terminando en el Callejón del Gato, el cual era famoso por los espejos curvos que allí estaban expuestos y que deformaban la figura del que se reflejaba. Esta es la escena más famosa de la obra, y en la cual Ramón

María del Valle-Inclán describió sus Esperpentos, reflejo de la España de la época y por la cual es recordado aún. Esta calle se encuentra en una de las zonas más céntricas de Madrid, en el límite del conocido como Barrio de las Letras (cerca de la Plaza Mayor y la Puerta del Sol), uniendo la calle Núñez del Arce con la Calle de la Cruz, dónde solía encontrarse el Corral de las Comedias de la Cruz, lugar en el que el pueblo se reunía para ver pequeñas obras de teatro, normalmente de género humorístico, al aire libre, representando títulos de autores como José de Zorrilla, Tirso de Molina, Calderón de la Barca y Lope de Vega, entre otros.

LOS MENTIDEROS DE LA VILLA

D iscutir, hablar, conversar, incluso contratar los servicios de asesinos a sueldo y soldados de fortuna, dispuestos a realizar el trabajo sucio de los personajes importantes. Todo esto era posible en los mentideros, que fueron lugares de encuentro preferidos por los ciudadanos de Madrid. En el Siglo de Oro los madrileños tenían muchas ganas de hablar y muchas cosas que decir, comentar y criticar. Abundaban los intelectuales, pero la gente del pueblo, de las clases bajas, también quería participar en la vida social de la villa. Estos mentideros tenían mucha influencia en la vida cotidiana del Madrid de los Austrias, siendo muy populares. En Madrid eran tres: las Gradas de San Felipe, el Mentidero de Representantes y las Losas de Palacio, y según se tratara de uno u otro, las especulaciones, los rumores y los cotilleos iban encaminados en una u otra dirección. Los mentideros eran ágora y prensa, lugares de encuentro para querer saber, donde se mezclaba un público muy heterogéneo y distinto entre sí y donde se intercambiaba todo tipo de información, bulos y chismes.

EL MOTÍN DE ESQUILACHE

F ue un levantamiento popular de los madrileños
como resultado del descontento popular acumu-
lado tras años de hambrunas, sequías y subidas de
impuestos. Carlos III asumió la corona de España en
1759, tras la muerte sin descendencia de su hermano Fernando VI y, desde un principio, intentó llevar
a cabo en el país profundas reformas encaminadas a
modernizar el país. El padre del despotismo ilustrado, conocido popularmente como "el mejor alcalde de

Madrid" basó su gobierno en ministros extranjeros, a los que Carlos III tenía en alta estima por su eficacia, pero que no eran bien vistos por los madrileños, poco amigos de tener mandamases extranjeros. El 20 de marzo de 1766 el marqués de Esquilache, secretario de Hacienda, emitió una nueva norma que prohibía a los madrileños portar sombreros de ala ancha que tapasen el rostro y capas largas bajo las que pudieran ocultarse armas, con vistas a disminuir asaltos y delincuencia. Pero la medida fue rechazada por los madrileños y, tal vez por intentar controlar algo tan personal como la forma de vestir, fue tomada como la gota que colmaba un vaso que llevaba mucho tiempo rebosando. Los sublevados fueron reuniéndose por la ciudad, provocando destrozos en el mobiliario público y saquearon el palacio de Esquilache, a quien culpaban de los males que les afectaban. Cuando la multitud rodeó el palacio exigiendo la cabeza de Esquilache, el padre Cuenca decidió ejercer de intermediario y transmitió al rey las exigencias del pueblo, entre las que se encontraban el destierro de Esquilache, la destitución de todos los ministros extranjeros, la bajada de los precios de alimentos de primera necesidad como el pan y el levantamiento de la prohibición de llevar sombrero de ala ancha y capa larga. Carlos III aceptó pero, temiendo que esto no calmara a la plebe, decidió huir a Aranjuez. La situación se resolvió el 26 de marzo, cuando el rey volvió a Madrid, reafirmó la aceptación de las medidas y publicó un indulto real para los alborotadores. La gente volvió a sus casas gritando: "¡Viva el rey!"

Marqués de Esquilache

LA LEYENDA DE LA CASA DE LAS SIETE CHIMENEAS

L evantado por orden de un montero de Felipe II para su hija, la bella Elena, este edificio ya existía en Madrid en el siglo XVI y actualmente es la sede del Ministerio de Cultura. Cuando se restauró en el siglo XIX, entre sus paredes se encontró el cuerpo de una mujer que había muerto hacía tres siglos. Según cuenta la leyenda, la joven vivía allí y era la esposa de un capitán del ejército, pero se enamoró del entonces joven rey Felipe II. Cuando su marido murió durante una batalla, ella quedó sumida en la pena, aunque hubo quien afirmó que antes del fatal desenlace dio a luz a una niña de la que no se supo nada. El asunto se complicó cuando los sirvientes afirmaron que en realidad Elena no había muerto de pena sino asesinada, porque habían descubierto en su cuerpo varias marcas de cuchillos. Por eso empezaron a circular rumores que relacionaban la muerte de la dama con el rey, que habría sido su amante y tal vez intentó ocultar una relación ilícita. Fuera como fuera, tiempo después algunos testigos afirmaron ver sobre el tejado, entre las chimeneas, una mujer vestida de blanco con una antorcha en una mano.

EL PALACIO DE LINARES

S i existe un edificio misterioso con una leyenda famosa en Madrid es sin duda El Palacio de Linares.
La actual Casa de América, en la plaza de Cibeles,
esquina a calle Alcalá con el Paseo de Recoletos, se
emplaza en un palacio edificado en 1877 por José de
Murga y Reolid, primer marqués de Linares y vizcon-
de de Llanteno. Antes de saltar a la fama por sus "fantasmagóricos habitantes" el edificio permaneció muchos años abandonado, con su fachada oscurecida y el

jardín lleno de plantas muertas. En 1990 el gobierno de España lo compró para instalar la sede de la Casa de América. En el palacio existe un pasadizo secreto por donde se puede salir sin ser visto. En el despacho del secretario del marqués hay una puerta que simula un armario y que esconde una escalera de caracol que termina cerca de la cocina. Además, en esa escalera hay una mirilla que permite ver el zaguán principal y vigilar quién entra o sale del viejo caserón. El empedrado del zaguán es de madera que imita la piedra, con el objetivo de amortiguar el ruido de los carruajes y evitar ser molestados a la hora de la siesta.

Hasta su restauración, el edificio mantuvo la casa de muñecas y las caballerizas, en cuyas cuadras de madera noble se conservaban las placas ovaladas, en esmalte blanco con letras doradas, donde se podían leer los nombres de los últimos caballos que allí habitaron. Durante los trabajos de reforma y acondicionamiento surgieron los primeros rumores de fenómenos extraños, guardias de seguridad que huían despavoridos en la noche, siluetas fantasmales, luces que se apagaban y encendían a su antojo... Ante los rumores y noticias de fenómenos paranormales en el Palacio de Linares, varios parapsicólogos deciden acudir en mayo de 1990 para investigar *in situ*. El resultado es la publicación de unas psicofonías en las que se escuchaban varias frases que ponían los pelos de punta: "Yo tuve una hija"; "Nunca oí decir mamá..."

Los investigadores rastrearon en la historia de la familia y encontraron incestos, crímenes y demás desgracias que pudieron ser la causa de estos lamentos fantasmagóricos. Unos niegan todo, otros lo creen con fervor. Lo cierto es que el Palacio de Linares es uno de esos edificios de Madrid con embrujo que merece conocer y disfrutar.

UNA CASA DE MUÑECAS GIGANTE

En el Palacio de Linares podemos ver todavía la espectacular casa de muñecas que los primeros marqueses mandaron construir en los jardines, una de las más grandes del mundo.

Algunas partes del palacio de Linares, como la escalera de mármol que da paso al jardín, las caballerizas o la famosa casa de muñecas, fueron obra del arquitecto Manuel Aníbal Álvarez. Parece que esta casita rústica, muy al estilo de los "caprichos" tan de moda en los jardines de la época, no se utilizó para que los niños jugaran, porque los marqueses no tuvieron hijos, sino que sirvió sobre para tapar la medianería con la finca contigua y para guardar las herramientas de labor del jardín.

PALACIO DE LIRIA, MUSEO, BIBLIOTECA Y RESIDENCIA

S e trata de la residencia privada más grande de
Madrid y de las más enormes de Europa. Una vivienda que es un también un museo repleto de obras
de arte, desde cuadros hasta piezas de mobiliario úni-
cas. Más allá de su increíble colección de arte (con
obras de Velázquez, Tiziano, Zurbarán, Rubens, El
Greco, Goya, Zuloaga, Picasso o Miró, más escultu-

ras, tapices, vajillas, relojes y demás), su biblioteca es única. A pesar de las pérdidas que sufrió en la Guerra Civil, la biblioteca se valora en aproximadamente 30.000 volúmenes, entre los que se encuentran piezas de incalculable valor histórico y monetario como el testamento del rey Fernando el Católico, una edición de la Biblia Políglota Complutense, además de la Biblia de la Casa de Alba, de las primeras traducidas al castellano, de 1430, y que se salvó de La Inquisición. También atesora documentos de Cristóbal Colón y de Francisco Pizarro, un ejemplar de la primera edición de *El Quijote* de Miguel de Cervantes o las capitulaciones para los matrimonios de los príncipes Juan y Juana de España con Felipe y Margarita de Austria.

EL CAPRICHO

El Jardín de El Capricho, situado en el madrileño barrio de Alameda de Osuna, fue encargado por la duquesa de Osuna, que compró los terrenos en 1783 y confió el diseño del jardín a varios arquitectos y diseñadores italianos y franceses. Es el único jardín del Romanticismo que existe en Madrid y luego de su restauración podemos disfrutar de espacios tan evocadores como su laberinto de arbustos, el palacete, la pequeña ermita o el hermoso salón de baile, además de los riachuelos que lo recorren y sus estanques, donde se pueden encontrar cisnes y patos.

La leyenda cuenta que un humilde mendigo se acercó al jardín para pedir ayuda a los duques de Osuna. Estos lo socorrieron y le propusieron que se alojara en una pequeña ermita que hay dentro del parque. El mendigo accedió sin dudarlo y dedicó su vida a rezar por la protección de las almas de los duques. Al ser un ermitaño no volvió a cortarse el cabello ni las uñas durante el resto de su vida y varios visitantes del jardín dicen haber visto su fantasma vagar por los alrededores de la ermita del Capricho.

LAS VENTAS

Antes de que en 1931 se inaugurara la Plaza de Toros de Las Ventas las corridas en Madrid tenían lugar en la plaza de toros de Fuente del Berro, desde 1870 hasta su cierre en 1934. Este ruedo se encontraba en el lugar que después ocupó el Palacio de Deportes de la Comunidad de Madrid. La Plaza de Las Ventas fue construida en 1929 sobre el terreno llamado Las Ventas del Espíritu Santo, al que debe se nombre. Es la mayor Plaza de Toros de España, con una superficie total de 45.800 metros cuadrados y capacidad para 23.797 personas. Su ruedo, con un diámetro de 60 metros también es uno de los más grandes del mundo. Las Ventas es la tercera Plaza con más aforo del mundo, tras la Monumental de México y la Plaza de Toros de Valencia, Venezuela; y está considerada por profesionales, aficionados y críticos como la más importante por su historia de hazañas.

La Plaza de Toros de Las Ventas, también es conocida como "la catedral de los vientos", al ubicarse en uno de los terrenos más ventosos de la ciudad de Madrid. Fue el famoso torero Joselito quien promovió la construcción de un nuevo coso taurino, sin embargo, y a pesar de que su idea siguió adelante, no llegó a conocer la plaza: murió en 1920, por una cogida en Talavera de la Reina.

La Plaza de Las Ventas fue diseñada por el arquitecto José Espelius, quien adoptó un estilo neomudéjar, como el de algunas de las viviendas que ya se habían construido en el barrio de la Guindalera, en el céntrico distrito de Salamanca, donde se sitúa. En sus gradas ha acogido a personajes ilustres amantes de la tauromaquia como: Orson Welles, Sofía Loren, Ernest Hemingway, Ava Gardner, Pablo Picasso, Jean Cocteau, Greta Garbo, entre otros muchos.

LA ESTACIÓN DE METRO FANTASMA

Existe una "estación fantasma" en el metro de Madrid, se trata de la antigua estación de Chamberí, que fue convertida en museo el 25 de marzo de 2008. La estación se encuentra en la línea 1, entre las estaciones de Iglesia y Bilbao, bajo la plaza de Chamberí, y fue inaugurada en 1919. Estuvo operativa hasta 1966, cuando los nuevos trenes de metro impusieron cerrarla por estar en una curva y con instalaciones obsoletas.

Cerrada durante muchos años, los obreros que trabajaron en las obras para convertirla en museo del Metro de Madrid dicen haber visto apariciones y fantasmas, entre ellos al propio rey Alfonso XIII, que fue quien promovió la iniciativa de construir un metro en la capital de España. Visitantes de la estación dicen haber sido sorprendidos en los andenes por un hombre sin cabeza y hasta por una niña con un globo, así que muchos van a la Estación de Chamberí en busca de fenómenos paranormales.

EL MUSEO ENCANTADO

E l Museo Reina Sofía, Instalado en el edificio Sabatini, antiguo Hospital general de Madrid, fue inaugurado oficialmente el 26 de mayo de 1986 como Centro de Arte Reina Sofía, en honor a la Reina Sofía de España. Su colección alberga obras de importantes artistas modernos como Picasso, Daly, entre muchos otros grandes maestros.

La leyenda cuenta que las almas de las personas que murieron en el antiguo hospital que ocupaba el edificio del museo en otros tiempos se quedaron atrapadas en sus paredes, así que algunos visitantes y veladores de la pinacoteca han escuchado lamentos tras los muros y han sido testigos de apariciones.

EL TRIÁNGULO DEL ARTE

A ntes de que el Paseo del Arte fuese sede de museos y monumentos de la Madrid más castiza, esta parte de la ciudad era solo arboleda. Fue idea de Carlos III darle su toque monumental, dedicado exclusivamente a las artes y las ciencias. A partir de esta decisión, mandó realizar las obras para el Real Jardín Botánico, el Real Observatorio de Madrid y el Gabinete de Ciencias Naturales, por todos conocido ahora como Museo del Prado. Este rey ilustrado fundó una tradición que hoy conforman imprescindibles exhibiciones de Madrid y que forman el Triángulo del arte: El Museo del Prado, el Thyssen-Bornemisza y el Museo Nacional Reina Sofía.

A lo largo del Paseo del Prado podemos disfrutar de hermosos edificios como los lujos hoteles Ritz y Palace, puntos emblemáticos como las fuentes de Cibeles y Neptuno, del siglo XVIII; el Real Jardín Botánico o el Observatorio Astronómico. En el Museo del Prado se exhiben obras de Francisco de Goya, Pedro Pablo Rubens, Diego Velázquez, El Greco, El Bosco y muchos más. Alberga una de las colecciones de arte más importantes del mundo. Y por eso se considera la mejor pinacoteca de Europa. El Centro de Arte Reina Sofía presenta obras de la vanguardia y con las tendencias artísticas más innovadoras. Allí podemos apreciar la pintura de Pablo Picasso, Miró, Dalí y Tàpies, entre otros. El Museo Nacional Thyssen-Bornemisza expone una gran colección donde abundan obras clásicas y también contemporáneas de pintores como Monet, Van Gogh, Cézanne, Klee o Kandinsky.

PARQUE DEL RETIRO

Los orígenes de este parque se remontan al 1630. Se llama así porque era el lugar donde se "retiraban" los miembros de la familia real en épocas de cuaresma, luto, etc. Allá por el siglo XVI, las estatuas y las fuentes apenas existían, ya que ciervos y jabalíes poblaban la zona, donde el rey se divertía cazando. Felipe II fue quien nombró dicha reserva como "el retiro". Este nombre fue usado por Felipe III y Felipe IV. En 1630 el conde-duque de Olivares regaló al monarca los terrenos para que se construyera el Palacio del Buen Retiro y mantener al rey entretenido, ya que así él podría gobernar sin interferencias.

En su estanque se celebraban naumaquias, representaciones de batallas navales con barcos hechos a escala, para entretenimiento de los reyes y cortesanos. Durante la invasión francesa, el ejército de Napoleón usó el lugar como cuartel y, tras la finalización, se encontraba prácticamente destruido. Tanto, que Fernando VII lo declaró en ruinas. Pero posteriormente se restauró y llegó incluso a tener una Casa de Fieras o zoológico hasta 1972. En sus jaulas había tigres, panteras, hienas y un chacal, además con un quiosco para monos, una elefantera y una osera. El recinto también exhibía pájaros exóticos provenientes de América y pavos reales. Algunas jaulas y bancos de azulejos aún recuerdan aquellos tiempos, y parte de sus instalaciones forman hoy la Biblioteca Pública Eugenio Trías-Casa de Fieras. Las jaulas que en otro tiempo habitaban los animales son ahora miradores acristalados en los que se sientan los lectores.

El Retiro cuenta con ruinas, jardines escondidos, la hermosa Rosaleda, el palacio de cristal, que fue un antiguo invernadero, y muchas otras zonas de atracción. Tiene 18 puertas, aunque la más popular es la de la plaza de la Independencia, junto a la puerta de Alcalá. En el Retiro se celebran muchos eventos importantes para la ciudad de Madrid, entre ellos la gran fiesta popular que es la Feria del Libro de Madrid, casi centenaria. Este gran parque, situado en el centro de la urbe, se ha convertido en un pulmón verde de la ciudad, un lugar perfecto para remar en el estanque, caminar entre los senderos o visitar el Palacio de Cristal.

Vista aérea del Parque del Retiro, Instituto Geográfico Nacional

EL DUENDE DEL RETIRO

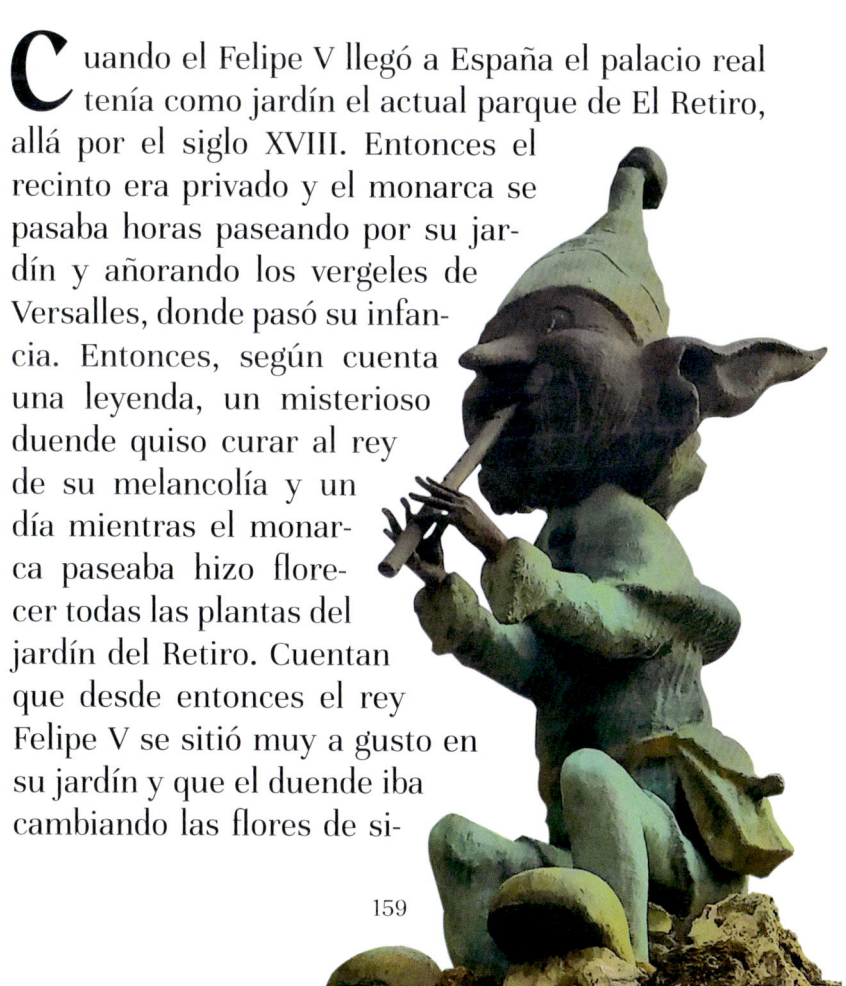

Cuando el Felipe V llegó a España el palacio real tenía como jardín el actual parque de El Retiro, allá por el siglo XVIII. Entonces el recinto era privado y el monarca se pasaba horas paseando por su jardín y añorando los vergeles de Versalles, donde pasó su infancia. Entonces, según cuenta una leyenda, un misterioso duende quiso curar al rey de su melancolía y un día mientras el monarca paseaba hizo florecer todas las plantas del jardín del Retiro. Cuentan que desde entonces el rey Felipe V se sitió muy a gusto en su jardín y que el duende iba cambiando las flores de sitio cada día para que cada paseo suyo fuera una nueva sorpresa. Más tarde, cuando el parque se hizo público, muchas parejas de enamorados iban al Retiro y se popularizó la leyenda de que quien consiguiera ver al duende sería afortunado en el amor. Ahora es más fácil encontrarlo gracias a una estatua que José Noja levantó en 1985. El duende espera sentado sobre una de las antiguas oseras de la Casa de Fieras.

LA CASA DE FIERAS

E l origen de la Casa de Fieras se remonta a tiempos de Carlos III, en la segunda mitad del siglo
XVIII. El monarca arribó a Madrid con la premisa
de convertir la ciudad de una de las capitales más
grandes y hermosas de Europa. De esta forma, decidió crear un gran complejo dedicado a la naturaleza,
que estaría formado por el Real Jardín Botánico y el
Museo de Ciencias Naturales, que con el tiempo acabaría siendo el actual Museo del Prado. Sin embargo,
estos espacios no eran suficiente para él, por lo que
implantó un pequeño zoo en lo que hoy conocemos

como Cuesta de Moyano. El espacio acogía a animales procedentes de todo el mundo y algunos se empleaban para el estudio científico o el entretenimiento de la casa real.

Tras la guerra de la Independencia, las instalaciones del zoo se trasladaron al Parque del Retiro, en una zona próxima a la Puerta de Alcalá. Sin embargo, debido a la falta de cuidados, los animales comenzaron a morir. Esto dejó en muy mal lugar a la ciudad, por lo que el rey Fernando VII decidió rehabilitar y mejorar el zoo para el disfrute de la familia real y sus seres más cercanos. La nueva apariencia de la Casa de Fieras otorgó al Parque del Retiro un aspecto más exclusivo. No obstante, su apertura al público no sería hasta el año 1868. Más tarde el Zoo se trasladó a la Casa de Campo.

LA MONTAÑA ARTIFICIAL DEL RETIRO O MONTAÑA DE LOS GATOS

E sta Montaña Artificial fue quizás un capricho del rey Fernando VII o quizás detrás de su construcción hay algo más, ya que muchos esotéricos le atribuyen poderes mágicos y dicen que en sus bóvedas el rey se entregó a ritos diabólicos. Las obras de esta montaña tan sorprendente se iniciaron en el año 1817 y bajo su vegetación oculta una enorme bóveda con la que se cubría una noria, en cuya cima se situaba un templete que ya no existe y desde donde la reina Isabel II contemplaba Madrid. Este tenía tres torres, una central de planta octogonal flanqueada por otras dos más pequeñas cilíndricas unidas por una arquería. La montaña artificial es popularmente conocida como Montaña de los Gatos por la cantidad de felinos que se refugiaron en esta zona del parque.

Una de las leyendas que rodean la edificación es que en su interior se encuentra un tesoro. La historia se remonta al rey Felipe IV, a quien le gustaba esconder alhajas en el Retiro como divertimento para sus cortesanos. Se dice que un buen día decidió ocultar un cofre más grande de lo habitual, repleto de joyas y monedas de oro, y ordenó a su jardinero que lo enterrara en la zona que ocupa hoy la Montaña de los Gatos. Antes de que el tesoro fuera encontrado por algún cortesano, el jardinero murió y se llevó a la tumba el lugar secreto. A lo largo de los siglos muchos madrileños buscaron el cofre sin que tuvieran éxito, hasta que en 1968 dos operarios que cavaban una fosa cerca de la Montaña del Retiro hallaron 59 monedas de oro con las efigies de Carlos III, Carlos IV y Fernando VII, un tesoro posterior al supuestamente escondido por Felipe IV.

UN MONUMENTO A SATANÁS

El llamado Monumento del Ángel Caído se encuentra en el parque del Retiro, en la Glorieta del Ángel Caído. Es obra de Ricardo Bellver y Francisco Jareño, y fue inaugurada en 1885. El conjunto escultórico se inspiró en unos versos de *El paraíso perdido*, de John Milton.

En la base del pedestal vemos ocho cabezas de monstruos, que hacen más tétrico el conjunto. Lo curioso es que se dice que la escultura está justo a 666 metros sobre el nivel del mar, que es el número de la Bestia y una de sus muchas representaciones. La cifra no va muy descaminada si atendemos a la placa que hay en el Observatorio de Madrid, situado en el mismo parque de El Retiro, según la cual el edificio se encuentra a 657 metros sobre el nivel medio del mar Mediterráneo.

LAS ESTATUAS URBANAS

Madrid está salpicada de estatuas de personajes famosos, dioses, reyes y también otras que representan oficios: un barrendero, un farolero, una estudiante, un torero o un paseante, entre otros. Algunas se han convertido en auténticos iconos de la capital como El vecino curioso, La violetera del parque de las Vistillas o el Barrendero madrileño de la plaza de Jacinto Benavente, tan real que parece estar en plena faena. En la calle del Pez, nos encontramos con Julia, la estatua de la primera universitaria de Madrid, que según la leyenda iba disfrazada de hombre para que no la echaran del aula. En el corazón del Barrio de las Letras se encuentra la estatua de un perro callejero muy querido por la sociedad madrileña decimonónica y que rinde homenaje al que fuera protagonista de múltiples crónicas periodísticas del siglo XIX, el perro Paco.

También el monumento a Felipe IV en la plaza de Oriente está rodeado de una veintena de estatuas, realizadas en piedra caliza, que representan a cinco reyes godos y a otros 15 monarcas de los primeros reinos cristianos de la Reconquista. Forman parte de un conjunto más amplio de estatuas encargadas por el arquitecto Francesco Sabatini, artífice de la ampliación del Palacio Real, que quiso coronar con ellas el frontal del edificio. Pero parece que Isabel de Farnesio, madre del entonces monarca Carlos III, pidió a su hijo que colocara las estatuas en cualquier otro sitio, después de haber soñado que caían sobre ellos durante un terremoto. Así que las estatuas de los antiguos reyes fueron repartidas entre la Plaza de Oriente, los jardines de Sabatini, el Retiro y ciudades españolas como Toledo, Burgos o Vitoria.

Célebres también son las estatuas de Cibeles y Neptuno, ya que en la primera celebran sus victorias los aficionados del Real Madrid y en la segunda los del Atlético de Madrid. Se erigieron cuando Carlos III se propuso embellecer la ciudad y concibió el Paseo del Prado como un circo romano, en cuyos extremos se situaban las fuentes de los dioses Cibeles y Neptuno, mirándose entre sí. Ambos monumentos, en cuyo diseño y construcción participó arquitecto madrileño Ventura Rodríguez, abandonaron su posición original por la que actualmente ocupan entre finales del siglo XIX y principios del XX.

EL RASTRO MADRILEÑO

L os domingos en Madrid son sinónimo de Rastro, uno de los mercadillos más populares de España, zoco al aire libre, originalmente de objetos de segunda mano, que se monta todas las mañanas de domingos y festivos en el barrio de Embajadores. Se dice que el Rastro nació hacia 1740 en torno al Matadero de la Villa, ocupando las aceras de la cuesta de la calle de la Ribera de Curtidores, como un mercadillo semiclandestino de carne, venta de objetos usados o baratillos. Y su nombre lo debe al "rastro" que dejaba la sangre de los animales sacrificados en el Matadero que fue su origen.

Aunque ahora hay mercadillos de ropa y complementos, antes no era así, se vendían sobre todo monedas, antigüedades y otros objetos que no se encontraban en las tiendas tradicionales. Era muy común regatear y comprar hasta por un 10% menos del precio de salida, cosa que ahora es menos habitual, aunque sigue existiendo el regateo, que algunos comerciantes se toman como parte de un juego en que disfrutan vendedor y comprador.

LA CIUDAD UNIVERSITARIA

En 1927 el rey Alfonso XIII promovió la creación de la Junta Constructora de la Ciudad Universitaria, que tras visitar diversos campus docentes europeos y norteamericanos decidió que la finca de la Moncloa era el mejor lugar para el futuro campus madrileño. La Junta se encargó de buscar donativos y cesiones de inmuebles y fincas a favor del proyecto y estableció el total de edificios, pabellones y zonas verdes necesarios y el lugar donde estarían situados. También encomendó el proyecto al director de la Escuela de

Arquitectura de Madrid, Modesto López Otero. Ya en 1936 estaban construidas en la Ciudad Universitaria las facultades de Farmacia, Filosofía y Letras, Escuela de Arquitectura y varias residencias de estudiantes y campos deportivos, cuya inauguración estaba prevista para el mes de octubre. Y se encontraban en construcción la Facultad de Ciencias y el Hospital Clínico.

La Guerra Civil, desde su inicio en el mes de julio y durante toda la contienda, tuvo uno de sus frentes en la Ciudad Universitaria, por lo que muchos edificios quedaron destruidos y otros muy dañados. Cientos de libros fueron utilizados para construir barricadas y todavía algunos se conservan con impactos de balas. A partir de 1941 se llevó a cabo la reconstrucción de las instalaciones destruidas, dirigida otra vez por López Otero, que mantuvo los diseños originales, y se fueron sumando nuevos edificios y terrenos mediante compras, donaciones y permutas. Hoy la Ciudad Universitaria de Madrid es un ejemplo de modernidad, pero tiene como antecedente la universidad Complutense fundada por el Cardenal Cisneros en Alcalá de Henares en 1510, de ahí su nombre Complutense, que deriva de la ciudad de Complutum, fundada por los romanos en los predios que hoy ocupa Alcalá de Henares.

UN CURIOSO CARRILLÓN

Aunque no tenga la fama del carrillón del ayuntamiento de Múnich, en la Plaza de las Cortes salen unas simpáticas figuritas a las 12 horas y las 20 horas del edificio de la aseguradora Plus Ultra, frente al Congreso de los Diputados. Las figuras del peculiar carrillón representan al pintor Francisco de Goya junto la duquesa de Alba acompañada de un perro, el rey Carlos III, una Maja madrileña y el torero Pedro Romero.

La función que apenas dura unos minutos narra una pequeña historia en la que el pintor retrata a la duquesa, que balancea su pañuelo mientras su perro mueve la cabeza. La escena la terminan de completar el torero que muestra su muleta, Carlos III que preside el grupo y saluda con la cabeza llevando una escopeta en su mano, y por último la maja que se mueve al compás de su abanico. Durante la época navideña, el carrillón suena con villancicos propios del momento. Las melodías del reloj se adaptan al instante histórico que esté viviendo Madrid, puesto que en ocasiones suena el Réquiem de Mozart con motivo de un funeral, el himno de Madrid o música festiva si hay ocasión que celebrar.

UN RATÓN FAMOSO EN LA CIUDAD DE LOS GATOS

E l Ratoncito Pérez vive en la calle Arenal número 8, o así lo imaginó el Padre Coloma en el relato que compuso hace más de un siglo. Por eso, en esta misma dirección, se encuentra la Casa Museo del Ratón Pérez. En la casita museo del Ratón Pérez también descubriremos los orígenes del personaje, que se remontan al año 1894 con la creación del cuento *Ratón Pérez*, escrito por Luis Coloma como obsequio al rey, siendo un niño, Alfonso XIII, tras la caída de sus dientes de leche.

En 2003 el Ayuntamiento de Madrid le rindió un homenaje al Ratoncito Pérez colocando una placa conmemorativa en el mismo lugar donde Coloma ubicó su vivienda con el siguiente escrito: "Aquí vivía, en una caja de galletas en la confitería Prats, Ratón Pérez, según el cuento que el padre Coloma escribió para el niño Rey Alfonso XIII".

CANAL ISABEL II

La Historia del Canal de Isabel II es parte de la evolución de la ingeniería hidráulica empleada en el abastecimiento de agua a la ciudad de Madrid. El suministro de agua ha pasado por dos etapas bien diferenciadas, cuya frontera temporal es el inicio, en 1851, de la construcción de la red denominada Canal de Isabel II. Su objetivo fue abastecer de agua a la ciudad de Madrid y a los municipios colindantes. El primer depósito fue soterrado y se decidió ubicar en el antiguo Campo de los Guardias. El lugar era una gran explanada que desde 1850 se empleaba como lugar de ejecución de los reos condenados a muerte y en la actualidad es un espacio urbano delimitado por las calles de Bravo Murillo, Cea Bermúdez, Boix y Morer, y Avenida Filipinas.

Juan Bravo Murillo siendo ministro decidió crear el Canal, al cual le otorgó el nombre de la Reina, y con el que traería el agua del río Lozoya a Madrid. El primer depósito se encontraba en el Campo de Guardias, actual archivo central del Canal, y quedó fuera de servicio en 1894. En la actualidad, 18 mil kilómetros conforman la red de abastecimiento. Para evitar inundaciones, así como evitar contaminar el río Manzanares, Madrid cuenta con el tanque de tormentas más grande del mundo. Este depósito tiene las mismas dimensiones que cinco campos de fútbol, con capacidad para almacenar 400 mil metros cúbicos de aguas residuales. Una vez finalizada la lluvia, el líquido es bombeado y transportado a la depuradora, donde se trata y devuelve al río.

LOS RASCACIELOS

os rascacielos de las grandes ciudades suelen estar en unas zonas modernas de oficinas y en el área financiera. En el caso de Madrid, los vemos sobre todo en la zona norte, Azca y final de la Castellana, donde están los más altos y flamantes. Pero el centro de la urbe también tiene los suyos. El Edificio Telefónica, en la Gran Vía, se levantó entre 1926 y 1930, siendo el primer rascacielos español. Por unos años también fue el edificio más alto de Europa, con sus noventa metros de altura. Luego se alzaron el Edificio España, de 117 metros; y la Torre de Madrid, de 142 metros, en la plaza de España, que fueron superando en altura a sus predecesores.

La Torre de Madrid, inaugurada en 1957, fue durante varios años el edificio de hormigón más alto del mundo. Los cuatro rascacielos más elevados de España están en Madrid, son también cuatro de los más altos de Europa y están muy cerca de la Plaza de Castilla. El rascacielos de mayor altitud es la Torre de Cristal, de 249 metros y 50 plantas. Se trata del edificio más elevado de España y el 4.º mayor de la Unión Europea.

TORRES KÍO

Las Torres Kío, cuyo nombre oficial es "Puerta de Europa", no pasan desapercibidas en el skyline de Madrid. Diseñadas por John Henry Burgee y Philip Cortelyou Johnson, tienen una altura de 115 metros y una inclinación que alcanza los 14,3 grados. Estos dos edificios gemelos, que en su momento fueron de los rascacielos más elevados de la capital, se construyeron entre 1990 y 1995 en plena Plaza de Castilla, y durante estos años estuvieron envueltos en tramas, juicios y muchos contratiempos hasta su inauguración en 1996. Centrándonos en su arquitectura, las Torres Kío o torres de la Puerta de Europa se convirtieron en los primeros rascacielos inclinados del mundo.

TELEFÉRICO DE MADRID

Con las instalaciones originales de 1969, las 80 góndolas del Teleférico de Madrid recorren diariamente los cielos de la capital, desde el Paseo del Pintor Rosales hasta la madrileña Casa de Campo, permitiendo disfrutar de maravillosas vistas a cientos de miles de personas cada año. El trayecto en un sentido dura 11 minutos, pudiéndolo realizar de ida

y vuelta en 22 minutos. En el Teleférico podemos so-
brevolar buena parte del Parque del Oeste, admirar
la estructura de la estación de Príncipe Pío, el Palacio
Real y la Catedral de la Almudena, con vistas a lo lejos
de la hermosa sierra madrileña.

FARO DE MONCLOA

L a torre fue diseñada por el arquitecto Salvador Pérez Arroyo, que
también es responsable del
Planetario en el Parque
de Tierno Galván. Y fue
inaugurada en 1992, un
año clave para España.
Barcelona acogió los Juegos
Olímpicos, Sevilla celebró la Exposición
Universal y Madrid se convirtió en la
Capital Cultural Europea.

Con una altura de 110 metros, el
Faro de Moncloa ocupa el puesto número 13 en la lista de las construcciones
más altas de Madrid. Sin embargo, desde su apertura, se ha enfrentado una se-
rie de problemas constructivos que han
llevado a su cierre temporal en diversas
ocasiones. Después de la primera inau-

guración, se desprendieron planchas metálicas de la fachada debido a fuertes vientos, lo que conllevó al cierre para realizar reparaciones. Luego, en 2005, tuvo que cerrar nuevamente para ampliar el ancho de la escalera en espiral en su interior, que no cumplía con los estándares de seguridad, y para instalar un segundo ascensor en el exterior.

EL PIRULÍ

El Pirulí o Torrespaña -su nombre real- se inauguró el 7 de junio de 1982 como faro de telecomunicaciones de Madrid. Los madrileños le pusieron el mote de "Pirulí" debido a su forma, que semeja la popular golosina. La obra completa se terminó en apenas 12 meses con el principal objetivo de garantizar la distribución de la señal del Mundial de Fútbol de España '82 y ofrecer también la señal audiovisual a la ciudad de Madrid.

A día de hoy, permite llevar la señal inalámbrica a los principales puntos de difusión del país y opera como el centro emisor. Torrespaña fue la primera torre levantada a partir de lo que se conoce como "tentetieso"; ya que la plataforma de abajo no está anclada sino que es el propio peso de la mole el que la sostiene. A pesar de la aparente dificultad, el fuste de hormigón se alzó en unos 45 días y el resultado final vio la luz en un año. Justo en ese momento el Pirulí consiguió el noveno puesto en la lista de torres de televisión más altas del mundo. Su elevación es equivalente a la de un edificio de 64 plantas y durante un cuarto de siglo esta fue la construcción más alta de Madrid, hasta la construcción de las Cuatro Torres de la Castellana.

DE MADRID AL CIELO

Algunos refieren que el refrán "De Madrid al cielo" originalmente era "De Madrid el cielo", por el buen clima de la urbe y la belleza del cielo madrileño, siempre luminoso. Allá por el Siglo de Oro, escribía el dramaturgo Luis Quiñones de Benavente: "Pues el invierno y el verano,/ en Madrid solo son buenos,/ desde la cuna a Madrid,/ y desde Madrid al Cielo".

También existe otra teoría en la que se relata que en el Cerro Garabitas, ubicado en la Casa de Campo, se reúnen cada noche las almas de los difuntos y desde allí ascienden al cielo. Otros afirman que después de haber vivido en una ciudad como Madrid, un mortal solo puede sentirse tentado de conocer el cielo. En cualquier caso, la capital de España es, también, la capital más alta de toda la Unión Europea. Concretamente, se sitúa a 657 metros por encima del nivel del mar, así que el refrán "De Madrid, al cielo", está muy bien fundado.